Die Deliktsobligationen
des Verwaltungsrechts.

Bericht,
erstattet der X. Versammlung der Deutschen Landesgruppe
der Internationalen Kriminalistischen Vereinigung
zu ihrem
zweiten Beratungsgegenstand „das Verwaltungsstrafrecht".

Von

Dr. James Goldschmidt,
Privatdozent an der Universität Berlin, Gerichtsassessor.

Sonderabdruck aus dem XII. Bande der Mitteilungen der
Internationalen Kriminalistischen Vereinigung.

Berlin, 1905.
J. Guttentag, Verlagsbuchhandlung,
G. m. b. H.

Meinem lieben Freunde,

Gerichtsassessor **Dr. Fritz Rathenau,**

zu seinem Hochzeitstage.

Hochverehrte Anwesende! Die Aufgabe eines Korreferenten ist im allgemeinen nur eine komplementäre. Er soll nur darlegen, in welchen Punkten er von der Auffassung des Referenten abweicht. Wenn ich aus diesem allgemeinen Begriffe des Korreferats die Folgerungen für mich ziehe, so sind diese Folgerungen wesentlich verschiedene, je nachdem es sich um meine Stellungnahme zum Referat einerseits, zum Votum andererseits des Herrn Referenten handelt. Dem soeben gehörten Referat über die bisherigen Schicksale unseres Problems im Schofse der I.K.V.[1][2]) habe ich nur die

---

[1]) Vgl. dazu jetzt noch Kitzinger, Die I.K.V., 1905, S. 31 ff.

[2]) Es sei hier noch einmal eine kurze orientierende Skizze der Schicksale des Polizeiunrechts überhaupt gegeben:

Das Problem des Polizeiunrechts taucht mit der Polizei, d. i. nach dem damaligen Sprachgebrauch der Verwaltung schlechthin, auf, nämlich in der Renaissance. Die mittelalterlichen Italiener knüpfen, nach ihrer Gewohnheit moderne Rechtsinstitute durch römische Quellenstellen, denen sie ganz fremd waren, zu belegen an an die Stelle Ulpians in 1. 42 D. de verborum significat. 50, 16 «. . . probra quaedam natura turpia sunt, quaedam civiliter et quasi more civitatis.» (Goldschmidt, Das Verwaltungsstrafrecht, 1902, S. 38, insbesondere Anm. 86 das.). Danach erscheint das Polizeiunrecht als delictum juris civilis im Gegensatz zum Verbrechen, das delictum juris gentium ist (Goldschmidt, a. a. O. S. 39, 40). Also ein ethisches, kein juristisches Kriterium! Die Aufklärungszeit akzeptiert dieses Kriterium. Mufste doch dem Naturrecht die Scheidung von probra natura und blofs more civitatis besonders sympathisch sein (Goldschmidt, a. a. O. S. 107, Anm. 140). Auf solchen Standpunkt steht u. a. Suarez, der Schöpfer des preufsischen Ld.R. (Goldschmidt, a. a. O. S. 140, Anm. 71). Darauf bauen die gemeinrechtlichen Kriminalisten, insbesondere Feuerbach, weiter (a. a. O. S. 234, Anm. 23, S. 342). Nur versuchen sie das bisher auf ethischem Gebiete gesuchte Kriterium in das juristische zu verlegen. Sie reflektieren es in das Angriffsobjekt. Nach Feuerbach ist das Verbrechen Verletzung eines subjektiven Rechtes, das Polizeiunrecht Verletzung blofs objektiven Rechtes (a. a. O. S. 231 ff.). Eine für das ganze Jahrhundert bedeutungsvolle Wendung gibt der Entwickelung das erste deutsche Polizeistrafgesetz, es ist das Württembergische vom 2. Oktober 1839 (a. a. O. § 12). Es verlegt das Kriterium des Polizeiunrechts vom Angriffsobjekt in das Angriffsmittel und

eine Notiz hinzuzufügen, dafs es das Verdienst des Herrn Referenten gewesen ist, als erster auf die Unhaltbarkeit des heutigen Rechtszustandes in Sachen der Polizeiübertretungen hingewiesen zu haben. Was dagegen das Votum anlangt, so stimme ich zwar in den praktischen

---

sieht es in der Rechtsgefährdung im Gegensatz zur Rechtsverletzung, die Verbrechensmerkmal sei. Diese Ansicht, die einer der Hauptautoren des Württembergischen Polizeistrafgesetzes, von Mohl, selbst garnicht teilte (a. a. O. S. 253 ff.), ist, mehr oder weniger modifiziert, gemeine Meinung des 19. Jahrhunderts geworden. Nur hat man später das Gebiet des Polizeiunrechts auf die abstrakte Gefährdung beschränkt, die konkrete Gefährdung dagegen noch dem Verbrechen zugeteilt (a. a. O. S. 456). Nachdem aber Frank (Studien z. Polizeistrafrecht, Giefsener Univers. Programm 1897) konstatiert hatte, dafs es auch abstrakte Gefährdungsverbrechen gebe, z. B. Brandstiftung, mufste nach seinem Vorgang (Frank a. a. O.) die abstrakte Gefährdungstheorie für das Polizeiunrecht dahin nüanziert werden, dafs beim Polizeiunrecht die Gefahr nur gesetzgeberisches Motiv, nicht Tatbestandsmerkmal sei. Aber auch in solcher Nüanzierung ist die abstrakte Gefährdungstheorie unhaltbar. Der Nachweis dafür ist diesseits versucht (Goldschmidt a. a. O. 461 ff., ders. in Goltd. Arch. Bd. 49 S. 71 ff.) und, dafs er im Grofsen und Ganzen geglückt ist, zu meiner Freude auch von Frank neuestens in seinem Kommentar, 3. u. 4. Aufl., 1903, S. 480 I 1, anerkannt worden.

Schon vorher hatte die Überzeugung von der Unhaltbarkeit der die Unterscheidung in das Angriffsmittel verlegenden abstrakten Gefährdungstheorie zu einer Auffrischung der älteren Ansichten geführt. Feuerbachs Lehre, die das Kriterium im Angriffsobjekt sucht, hatte eine modifizierte Erneuerung bei Binding gefunden. Nach Binding erscheint das Polizeiunrecht als «reiner Ungehorsam», während das Verbrechen Übertretung eines Verletzungs- oder Gefährdungsverbots ist (Normen, I 2. Aufl. S. 312 ff., 397 ff.). Ebenso hatte die nur ein ethisches Kriterium vertretende Lehre der Italiener und der Aufklärungszeit Wiedererwecker gefunden. So insbesondere in Stahl, van Hamel (Goldschmidt, Verwaltungsstrafrecht, S. 439, Anm. 16) und neuestens in Max Ernst Mayer, bei letzterem mit der Mafsgabe, dafs anstelle der Natur und Moral als Unterscheidungsmafsstab die Kultur tritt. Das Polizeiunrecht erscheint nach ihm als Verletzung von kulturell indifferenten, das Verbrechen als Verletzung von Kulturnormen. (Rechtsnormen und Kulturnormen, Strafrechtl. Abhdl., Heft 50, 1903, S. 109 ff., insbesd. S. 116, Anm. 7).

Neben den geschilderten Theorien, welche das Kriterium von Verbrechen und Polizeiunrecht im Tatbestand suchen, hat es auch Theorien gegeben, die es in der Rechtsfolge suchten. Die Verbrechensstrafe soll danach andere Zwecke haben, als die Polizeiunrechtsstrafe (Goldschmidt, a. a. O. S. 442, Anm. 22). Dafs damit, in dieser Form wenigstens, garnichts anzufangen ist, hat Frank schon in München betont (M.I.V.K VII 188; ders. Studien z. Polizeistrafrecht, a. a. O. S. 10 ff.). Es heifst wirklich den Teufel mit dem Beelzebub austreiben, wenn man den Streit um das Polizeiunrecht durch den Streit um die Strafzwecke ersetzen will.

Eine mit der hier mehr unter historischem Gesichtspunkte geordneten inhaltlich übereinstimmende systematische Übersicht der verschiedenen Po-

Endergebnissen *de lege ferenda* vielfach mit dem Herrn Referenten überein; in der prinzipiellen Grundauffassung dagegen trennt mich von ihm eine noch unüberbrückte Kluft.

Ich möchte diesen Differenzpunkt in der Grundauffassung, der in unseren beiderseitigen ersten Thesen zum Ausdruck kommt, durch folgendes Schlagwort kennzeichnen: **Bagatellstrafrecht contra Verwaltungsstrafrecht.** Jenes ist die De-

---

lizeiunrechtstheorien gibt in seiner gründlichen Art gelegentlich Binding (Normen, I 2. Aufl., S. 323, Anm. 9). Man fühlt es dort wie hier: Aus den vielfach so scharfsinnig gebildeten Deliktskategorien weht der Geist der Scholastik! Und wir verstehen es daher, dafs in dieser Frage bei angesehenen Juristen schliefslich ein vollständiger Nihilismus Platz griff, der an das, was ihm nicht bewiesen werden konnte. auch nicht mehr zu glauben beschlofs (Goldschmidt, Verwaltungsstrafrecht. S. 437, Anm. 10). Insbesondere huldigen diesem Geiste der Verneinung bekanntlich die Autoren unseres Reichs-St.G.B. (Goldschmidt, a. a. O. § 24; ders. in Gold. Arch. Bd. 49 S. 71 ff.; ders. Dtsch.Jur.Zt. VII 212 ff.). Aber dieser Standpunkt ist offenbar der allerverfehlteste. Frank hat es ausgesprochen: «Ich halte es für einen grofsen Fehler, Unterschiede, die jedermann fühlt, deshalb hinweg zu leugnen, weil wir sie nicht formulieren können» (Zeitschrift f. d. ges. Strafrechtsw. XVIII 742). Und wenn das Problem der Polizeiübertretungen gerade neuestens zum Hauptgegenstand der Beratungen der I.K.V. gemacht worden ist, wenn es heute wieder auf der Tagesordnung steht, so ist der Grund, dafs die Praxis unter der völligen Gleichbehandlung von Verbrechen und Polizeiübertretungen in Gesetzgebung und Theorie bitter Not leidet. Für diese praktischen Kalamitäten sei Bezug genommen aufser auf den heutigen Vortrag Franks: auf denselben i. d. Ztschr. f. d. ges. Strafrechtsw. XVIII 733 ff.; ferner auf Rosenberg, Ztschr. a. a. O. XXII S. 35, 36; auf Goldschmidt, Verwaltungsstrafrecht, 468; dens. in Goltd. Arch. Bd. 49 S. 71 ff.

Dies ist der Sach- und Streitstand in der Materie der Polizeiübertretungen. Denn — hierfür sei auf den Vortrag Franks Bezug genommen — auch die Verhandlungen der I.K.V. haben, so reiches Material sie enthalten, doch auch kein Kriterium ergeben. Nichtsdestoweniger hat die Stellungnahme der I.K.V. zu dem Problem den Boden für eine meines Erachtens günstige Wendung der Entwickelung vorbereitet. Denn die I.K.V. hat — und zwar gerade unter dem Einflufse Franks, der in Rosenfeld wirksame Unterstützung fand (M.I.K.V. VII 197, 267) — unzweideutig zu erkennen gegeben, dafs sie es nicht für ihre Aufgabe halte, eine neue scholastische Deliktskategorie zu bilden, sondern eine besondere Behandlung der Polizeiübertretungen in Praxis, Gesetzgebung und Theorie anzustreben. Diese Sachauffassung ist aber der erste Schritt, um das Fahrzeug der Polizeiübertretungen von dem falschen Geleis, auf dem es seit mehr denn einem Jahrhundert festgefahren ist, dem des Strafrechts, zu entfernen. Besagt doch eine besondere von der der Verbrechen abweichende Behandlung der Polizeiübertretungen tatsächlich eine nicht strafrechtliche. Denn die Verbrechen werden eben materiell und prozefsual nach strafrechtlichen Grundsätzen behandelt. Damit ist aber der Weg geebnet für die Bestrebungen, welche die neue Flagge «Verwaltungsstrafrecht» deckt: Die verwaltungsrechtliche Auffassung der Polizeiübertretungen.

vise des Herrn Referenten, dieses ist die meine. Jenes bezeichnet die strafrechtliche, dieses die verwaltungsrechtliche Auffassung der Polizeiübertretungen. Die Entwickelung der der strafrechtlichen des Herrn Referenten entgegen zu setzenden verwaltungsrechtlichen Auffassung der Polizeiübertretungen erachte ich für die Aufgabe meines Korreferats.

Der verwaltungsrechtlichen Auffassung der Polizeiübertretungen ist schon früher vereinzelt das Wort geredet worden, so von Klöppel, von Gneist, ganz besonders aber von Lorenz von Stein und Otto Mayer.[1] Sie hat aber stets die entschiedenste Ablehnung von kriminalistischer Seite erfahren, insbesondere eben auch von seiten des Herrn Referenten.[2] Die Kriminalisten haben darauf pochen können, dafs, seit der Satz: »nulla poena sine lege et judicio« sich auch für die Polizeiübertretungen durchgesetzt hat,[3] die Polizeiübertretungen materiell und prozessual dem Strafrecht angehören. An diesem rocher de bronce des geltenden Rechts sind alle sentiments Lorenz von Steins abgeprallt. Otto Mayer hat aber, so energisch er den Besitzstand des Verwaltungsrechts vom Bürgerlichen Recht herausfordert,[4] diesen rocher de bronce des Strafrechts in vorsichtiger Zurückhaltung umschifft. Er spricht nur davon, dafs die »Grundlage« der Polizeiübertretungen eine »verwaltungsrechtliche« sei.[5] Damit steht er aber juristisch kaum auf einem anderen Standpunkt, als ihn auch Rosin in seinem »Polizeiverordnungsrecht in Preufsen«[6] vermöge seines Anschlusses an Bindings Normentheorie einnimmt. Die Polizeiübertretungen bleiben dabei, als was die Kriminalisten sie ansprechen, — Strafrecht.

---

[1]) Vergl. Goldschmidt, Verwaltungsstrafrecht, 1902, Seite 479 bis 482; derselbe, Deutsche Juristen-Zeitung VII 212 ff.

[2]) Studien zum Polizeistrafrecht, Giefsener Universitäts-Programm 1897, Seite 9 ff.; M.I.K.V. VII 188; Kommentar, 3. und 4. Auflage, Seite 480, 481, I und II. Vergl. auch Binding, Normen, I 2. Auflage, Seite 313 Anmerkung 1.

[3]) Goldschmidt, Verwaltungsstrafrecht, Seite 117 ff.

[4]) Deutsches Verwaltungs-Recht I 54, 136 ff., 213 ff.; derselbe, Justiz und Verwaltung, Strafsburg, Rektoratsrede, 1902; darüber Verwaltungs-Archiv XI 341.

[5]) Deutsches Verwaltungsrecht I 319.

[6]) 2. Auflage, Berlin, 1895.

Im Gegensatz hierzu hat die diesseits aufgestellte Verwaltungsstrafrechtstheorie von vornherein betont, dafs das Verwaltungsstrafrecht jedenfalls Verwaltungsrecht sei. Sie hat daran festgehalten, dafs das mit der Verwaltung auftauchende Problem des Polizeiunrechts nur im Verwaltungsrecht seine Lösung finden könne. Es wurde versucht, den Nachweis historisch zu führen, und damit der Weg beschritten, den auf der Münchener Landesversammlung der I.K.V. die Herren Professoren von Liszt und Oetker[1]) als allein noch eine Aussicht verheifsend gewiesen hatten. Dieser historischen Grundlegung allein galt in der Hauptsache die erste diesseitige Arbeit.[2])

Eine systematische Grundlegung der Verwaltungsstrafrechtstheorie dagegen ist bisher, wie ohne weiteres zugegeben wird, mehr auf rechtsphilosophischem als auf juristischem Gebiet gegeben worden. Der Grund war die eigentümliche Schwierigkeit, mit welcher eine Theorie zu kämpfen hatte, welche notgedrungen das Verwaltungsstrafrecht als objektives Strafrecht anerkennen mufste und doch beweisen wollte, es sei Verwaltungsrecht. Eine solche Theorie mufste sich naturgemäfs zunächst vom rechtsdogmatischen auf das rechtsphilosophische, ich möchte sagen, vom juristischen auf das metajuristische Gebiet retten, jedenfalls aber unter Vernachlässigung des scheinbar unerweislichen Rechtsfolgenunterschiedes sich mit Aufweisung eines Unterschiedes der Tatbestände begnügen.[3]) Dafs damit die

---

[1]) M.I.K.V. VII 208, 214.

[2]) Das Verwaltungsstrafrecht, Berlin, 1902.

[3]) Vielleicht empfiehlt sich hier ein kurzer Abrifs der diesseits aufgestellten Verwaltungsstrafrechtstheorie. Ausgegangen wurde mit der herrschenden Auffassung von dem symptomatischen Kriterium des Verwaltungsdelikts, der Abwesenheit jedes materiellen Elements — Rechtsgüterverletzung oder Rechtsgütergefährdung — im Tatbestande. Dieses Kriterium erhielt insofern eine neue Beleuchtung, als das alleinige Inbetrachtkommen des Ungehorsams mit Verwaltungsinteressen in Beziehung gebracht und erklärt wurde (Verwaltungsstrafrecht S. 350 ff., 544 ff., Goltdammers Archiv Bd. 49, S. 85. Unberücksichtigt läfst diese Beziehung neuestens Graf zu Dohna, Die Rechtswidrigkeit, 1905, S. 57). Damit ergab sich die Möglichkeit, von allen Rechtssätzen, welche den reinen Ungehorsam mit Strafe bedrohen, zu behaupten, dafs sie — gleichgültig ob in Gesetzen oder Verordnungen enthalten — Verwaltungsvorschriften in Rechtssatzform, d. i. also allerdings Strafrecht im objektiven Sinn, aber doch zu-

Hauptstellung der Gegner der verwaltungsrechtlichen Auffassung unangegriffen gelassen wurde, ist klar. Denn jede

---

gleich Verwaltungsrecht seien. (Verwaltungsstrafrecht Seite 558 ff., 574 Anmerkung 120, 577.) Das Verwaltungsstrafrecht erschien als dritte besondere Gruppe des Verwaltungsrechts neben den beiden schon bis dahin von Laband anerkannten Gruppen, der staatsrechtlichen einerseits, sowie der in anderen Rechtsgebieten (Privatrecht, Prozefsrecht und gemeinem Strafrecht; z. R. St.G.B. § 113 usw.) verstreuten anderseits. (Verwaltungsstrafrecht Seite 558). Dafs das Verwaltungsstrafrecht in der staatsrechtlichen Gruppe kein Heim haben konnte, lag daran, dafs der Satz: Nulla poena sine lege nicht nur im Sinne einer staatsrechtlichen Bindung der Verwaltungsstrafgewalt — wie z. B. bei der Verwaltungszwangsgewalt, der Disziplinarstrafgewalt —, vielmehr für jede einzelne Strafdrohung anerkannt wird (Verwaltungsstrafrecht Seite 556; Goltdammers Archiv Band 49, Seite 86. Vergl. auch darüber Otto Mayer, Deutsches Verwaltungsrecht I 306, 307.); dafs es mit anderen Worten nicht nur ein Verwaltungsstrafrecht im subjektiven, sondern auch im objektiven Sinne (siehe Festgabe der Berliner Juristischen Gesellschaft für Koch, 1903, Seite 429) giebt. Dafs das objektive Verwaltungsstrafrecht aber auch nicht unter die zweite Sammelgruppe, und zwar unter die strafrechtliche Rubrik derselben, einrangiert werden konnte, lag daran, dafs im Verwaltungsstrafrecht die Verwaltung nicht einfach Strafrechtsschutz geniefst, dafs ihr vielmehr daraus selbst ein subjektives Gehorsams- und Strafrecht überkommt, dafs eben das Verwaltungsstrafrecht zwar Strafrecht, aber doch zugleich Verwaltungsvorschrift ist. Dementsprechend wurde auch das Verwaltungsdelikt nicht als strafrechtliches, sondern als staats-, im engeren Sinn verwaltungs-rechtliches Unrecht aufgefafst, indem es, insoweit Straftatbestand, nur als von Verwaltungswegen strafbare Verwaltungswidrigkeit erschien. Verwaltungsstrafrecht § 29; Goltdammers Archiv Band 49, Seite 88; geklärter in der Festgabe der Berliner Juristischen Gesellschaft für Koch, 1903, Seite 415 ff., wo insbesondere die Behauptung, dafs der Verwaltungsstrafrechtssatz auch Verwaltungsvorschrift sei, auf die Norm eingeschränkt und von dem Strafrechtssatz nur behauptet wurde, er statuiere ein Verwaltungsstrafrecht in subjektivem Sinne.

Viel einfacher als diese komplizierte theoretische Konstruktion ergaben sich die im Einzelnen aus der behaupteten Verwaltungsrechtsnatur des Verwaltungsstrafrechts zu ziehenden praktischen Folgerungen. (Verwaltungsstrafrecht § 30 bis 32; Goltdammers Archiv, Band 49, Seite 90, 91; Deutsche Juristen-Zeitung VII Seite 214.) Diese Folgerungen wurden de lege lata nur für das Finanzstrafrecht (Verwaltungsstrafrecht Seite 432, 582), das Poststrafrecht (Verwaltungsstrafrecht Seite 582, Anmerkung 143) und Gewerbepolizeistrafrecht (a. a. O. Seite 582, Anmerkung 143) gezogen. Denn nur von diesen wurde zu behaupten gewagt, dafs sie schon die lex lata als Verwaltungsstrafrecht, d. i. Verwaltungsrecht behandle. (Verwaltungsstrafrecht Seite 432, insbesondere Anmerkung 94 das., Seite 453, Anmerkung 42.) Bezüglich des Gros des Polizeistrafrechts wurde theoretisch und praktisch zugegeben, dafs die lex lata es als gemeines Strafrecht behandelt wissen wolle. (Verwaltungsstrafrecht Seite 453 ff.)

Die erste Aufnahme der Verwaltungsstrafrechts-Theorie in der Literatur — Privatäufserungen lasse ich dabei aufser Betracht — war folgende. Grundsätzlich ablehnend stehen ihr gegenüber Köhler, Reformfragen des Strafrechts 1903, Seite 17, 18, Beling, Württemberg. Strafgesetzgebung, 1903, Seite 3,

metajuristische Differenzierung kann von vornherein nicht darauf rechnen, rastlos in einem positiven Recht zum Aus-

und — ich kann nicht verhehlen, zu meinem Erstaunen (vergl. oben Seite 7 in der Anmerkung) — auch Rosenberg (Zeitschrift für die ges. Strafr. W. XXIV S. 11). Köhler begründet seine Ansicht nicht näher. Beling pocht darauf, dafs das Verwaltungsstrafrecht eben de lege lata Strafrecht sei. (Der von Beling a. a. O. monierte Ausdruck »Verfassungsstrafrecht« ist mittlerweile schon Festgabe a. a. O. Seite 416 Anmerkung 2 durch »Justizstrafrecht« ersetzt. Im Grunde genügt die Bezeichnung »Strafrecht«; denn das »Verwaltungsstrafrecht« ist »Verwaltungsrecht«.) Rosenberg endlich meint, da doch die Verwaltungsstrafrechtssätze meistens in Gesetzen niedergelegt seien, könnten sie nicht als Mixta Composita von Rechtssätzen und Verwaltungsvorschriften angesehen werden. Dieser Einwurf beruht auf einer Verwechselung des Gesetzes im formellen und materiellen Sinn. Dafs die Verwaltungsstrafrechtssätze oft Gesetze in formellem Sinne sind, beweist nichts für ihre materielle Natur. (Vergl. Verwaltungsstrafrecht Seite 572 Anmerkung 117 a. E., Seite 194, 601; Goltdammers Archiv, Band 49, Seite 87, Anmerkung 16; ganz besonders Festschrift der Berliner Juristischen Gesellschaft für Koch, 1903, Seite 415 ff., 420 Anmerkung 1).

Grundsätzliche Ablehnung ist im Übrigen nur gewissen Spezialfolgerungen der Verwaltungsstrafrechtstheorie begegnet; nämlich gewissen praktischen Konsequenzen (u. a. Ablehnung der Geltung der allgemeinen Bestimmungen des R.St.G.B.), die für das Finanzstrafrecht daraus gezogen wurden, dafs ihre Anerkennung als Verwaltungsstrafrecht, d. i. Verwaltungsrecht schon de lege lata behauptet wurde. (Bonnenberg, Beilage zum Preufsischen Verwaltungs-Blatt XXIV No. 4, Seite 59; Kunkel, Zeitschrift für Zollwesen und Reichssteuern, II No. 4, Seite 127; Wiesinger, Juristisches Literatur-Bl. XV, No. 1, Seite 18).

Zwar nicht grundsätzlich die verwaltungsrechtliche Auffassung, aber doch die gegebene Konstruktion hat in eingehender Polemik Lamp abgelehnt. (Archiv für öffentliches Recht XVIII Seite 104 bis 110.) Die Spitze seiner Ausführungen ist eine doppelte. Einmal meint er, die Behauptung, dafs der Verwaltungsstrafrechtssatz auch Verwaltungsvorschrift sei, leugne die Rechtsnatur des Verwaltungsrechts (vergl. auch M. E. Mayer, Kulturnormen und und Rechtsnormen, Strafrechtl. Abhandlungen Heft 50, Breslau 1903, Seite 110 Anmerkung 3) und damit geradezu die Rechtsstaatsidee. Sodann findet er in der Verwaltungsstrafrechts-Theorie nur rechtsphilosophische, keine positivjuristischen Kriterien. Auf letzteren Vorwurf läuft im wesentlichen auch Otto Mayers Kritik (Verwaltungsarchiv XI Seite 348 ff.) hinaus.

Gegen den ersten Vorwurf habe ich die Verwaltungsstrafrechts-Theorie bereits in der Festgabe der Juristischen Gesellschaft für Koch, Berlin 1903, Seite 415 ff. verteidigt und mufs darauf verweisen. Nicht dafs der Verwaltungsstrafrechtssatz kein Rechtssatz, sondern dafs er auch Verwaltungsvorschrift sei, behauptet die Verwaltungsstrafrechtstheorie. Schon Otto Mayer hat von jeher darauf hingewiesen, wie verkehrt es sei, dafs man eine für das Gebiet der Verwaltung ergehende Rechtsverordnung nicht mehr Verwaltungsverordnung nennen dürfe. (Deutsches Verwaltungsrecht S. 126, Anmerkung 11; Goldschmidt, Festgabe für Koch a. a. O. Seite 419). Diese gegenseitige Durchdringung von Verwaltungsvorschrift und Rechtssatz, das Sinnbild der Verwaltungsstrafrechtstheorie, ist aber nicht nur keine

druck gekommen zu sein. Und wenn ich auch nicht zugeben kann, dafs die von dem Herrn Referenten mir entgegen

---

Leugnung, sondern geradezu auch die Versinnbildlichung der Rechtsstaatsidee. Ihre konsequente Durchführung wird dazu führen, auch der heute noch von der herrschenden staatsrechtlichen Theorie als reine Verwaltungsvorschrift angesehenen Verwaltungsverordnunng (Laband, Staatsrecht, 4. Aufl. II S. 167, 185; vergl. dazu Goldschmidt, Festgabe a. a. O. Seite 442, Anmerkung 2) Rechtssatzcharakter zu vindizieren. Dafs auch praktisch die Verwaltungsstrafrechtstheorie eine Stärkung der Rechtsstaatsidee bedeutet, darüber sofort im Text das Weitere.

Was den zweiten Entwurf Lamps anlangt, bei dem er sich auf die gewichtige Autorität Otto Mayers stützen kann, die Verwaltungsstrafrechtstheorie gebe nur rechtsphilosophische, keine positiv-juristischen Kriterien für das Verwaltungsdelikt, so ist zu sagen: das Kriterium des reinen Ungehorsams ist nicht besser, aber auch nicht schlechter als das der herrschenden Lehre. Für streng juristisch halte ich es — wie im Text zugegeben — freilich selbst nicht und zwar nicht nur deshalb, weil es das Unterscheidungsmerkmal des Verwaltungsdelikts gegenüber dem Verbrechen allein im Tatbestand und nicht zugleich in der Rechtsfolge findet, sondern auch deshalb, weil der Gegensatz: reiner Ungehorsam und Rechtsgutbeeinträchtigung im Grunde doch wieder auf metajuristische Eigenschaften abgestellt ist. Diese unleugbaren Mängel soll gerade die vorliegende Arbeit beseitigen.

Teilweise abweichend hat sich schliefslich noch geäufsert Berolzheimer (Die Entgeltung im Strafrechte, München 1903, Seite 262, Anmerkung 1; vergl. gegen ihn bereits Goldschmidt, Festgabe a. a. O. S. 425, Anmerkung 2), der zwar der Verselbständigung des Verwaltungsstrafrechts günstig gegenüber steht, in der diesseits aufgestellten Theorie aber nur eine »formale Abgrenzung« erblickt. Nach Berolzheimer ist Objekt des Strafrechts der schlechte, Objekt des Polizeistrafrechts der unordentliche Mensch (a. a. O. Seite 261). Das ist aber nur die Übersetzung aus dem Objektiven ins Subjektive für das Strafrecht überhaupt, aber kein Einwand gegen die Verwaltungsstrafrechtstheorie.

Von den bisher Genannten abgesehen, haben alle Übrigen mit mehr oder weniger Einschränkungen den Verwaltungsstrafrechts-Gedanken grundsätzlich gebilligt. Einer der ersten war Schultzenstein, der sich in einem der Frage besonders gewidmeten Aufsatz über die aus der Verwaltungsstrafrechtstheorie gezogene Konsequenz der Übertragung der Verwaltungsstrafgerichtsbarkeit auf die Verwaltungsgerichte äufserte. (Verwaltungs-Archiv XI, S. 149 ff.; ebenda Seite 395, 396). Ferner haben sich im wesentlichen zustimmend geäufsert Zorn (Verwaltungs-Archiv XI, Seite 396 Anmerkung 19a), Schücking (Juristisches Literaturblatt, Festnummer zum XXVI. Deutschen Juristentag, 1902, Seite 164), v. Liszt (Lehrbuch 12 und 13. Auflage, 1903, Seite 141, Anmerkung 3; vergl. auch Verhandlungen des 26. Deutschen Juristentages I, Seite 273), Kahl (Verhandlungen des 26. Deutschen Juristentages III, S. 214, 215); Brückmann (Tag vom 28. März 1903); Fleischmann (Zeitschrift für Eisenbahnrecht XIX, Heft 3, Seite 299; Zeitschr. f. d. ges. Strafrechtswissenschaft XXIV S. 774 ff.); M. E. Mayer (Kulturnormen und Rechtsnormen a. a. O. Seite 109 ff.) und v. Bauer (Finanzarchiv XX. Jahrgang, 2. Band Seite 76 ff.) M. E. Mayer, dessen Theorie bereits oben (die 2. Anmerkung dieses Referats) als Wiedererweckung der Naturrechtslehre Erwähnung gefunden

gehaltenen Delikte, § 360 No. 1 und 11 des R.St.G.B. meiner Begriffsbestimmung nicht genügen (zu § 360 No. 11 unten S. 35

hat, unterscheidet sich von seinen Vorgängern wesentlich dadurch, dafs er der diesseitigen Forderung einer Verselbständigung des Verwaltungsstrafrechts zustimmt. In der Begründung vermeint er von mir abzuweichen. Er glaubt, die diesseitige rechtsphilosophische Grundlegung, das Verwaltungsdelikt sei seinem materiellen, indessen nur als legislatives Motiv in Betracht kommenden Wesen nach Unterlassung der Förderung eines Zieles, lucrum cessans, seinem formellen allein den Tatbestand bildenden Wesen nach Ungehorsam gegenüber der Verwaltung, kurz gesagt, das Delikt der Gliedperson im Sinne Gierkes, während das Verbrechen in seinem Tatbestand stets zugleich materiell eine Schädigung, damnum emergens, formell einen Zwiespalt mit dem geltenden Recht, mit einem Wort das Delikt der Individualperson im Sinne Gierkes darstelle (Goldschmidt, Verwaltungsstrafrecht, 548; derselbe in Goltdammers Archiv, Band 49, Seite 84; derselbe Festgabe für Koch, 423), — diese Grundlegung sei eine »Scheinantithese«. (A. a. O. Seite 110, Anmerkung 3). Ich glaube aber, M. E. Mayers eigene Antithese, Verwaltungsdelikt: lediglich Verstofs gegen kulturell indifferente, exprefs an die Untertanen gerichtete Rechtsnormen, Verbrechen: Verstofs auch gegen Kulturnormen, besagt schliefslich genau dasselbe, »nur mit ein bischen anderen Worten«. Insbesondere sind M. E. Mayers kulturell indifferente Rechtsnormen des Verwaltungsstrafrechts, welche vor allen übrigen Rechtsnormen die Eigentümlichkeit haben sollen, nicht nur an die Justiz, sondern auch an die Untertanen gerichtet zu sein, die diesseitigen Verwaltungsbefehle in Rechtssatzform. Gerade diese Konstruktion würde die ihnen von M. E. Mayer zugeschriebene Eigentümlichkeit am besten erklären.

Die Ausführungen v. Bauers, eines österreichischen Finanzjuristen, enthalten die rückhaltlose Annahme der Verwaltungsstrafrechtstheorie und eine interessante Verwertung derselben zu Reformvorschlägen für das österreichische Finanzstrafverfahren.

Als grundsätzliche Billigung der Verwaltungsstrafrechtstheorie darf, last not least, wohl auch das Votum des 26. Deutschen Juristentages gelten. Dieser hat, in Übereinstimmung mit seinen beiden Votanten (v. Liszt, v. Calker) und Referenten (Kahl, Kronecker) und unter dem Beifall von Hermann Seuffert (Ein neues Strafgesetzbuch für Deutschland, München 1902, Seite 23 ff.), für die Revision des R.St.G.B. nach den Thesen von Kahl »fast einstimmig« beschlossen (Verhandlungen, Berlin 1903, III, Seite 271, 602):

> »dafs eine Ausscheidung des Polizeistrafrechts vorgenommen werde, wobei vorbehalten bleiben kann, ob und inwieweit dieses der landesrechtlichen Ordnung zu überweisen oder in Verbindung mit anderen Teilen des Verwaltungsstrafrechts in einer besonderen Reichspolizeiordnung zu kodifizieren sei.«

Diese Revisio monitorum glaubte ich schuldig zu sein, um die völlige Kontrolle des Dargebotenen zu ermöglichen. Wenn ich mit völliger Unbefangenheit das Fazit ziehe, so ist — wie gesagt — eines unzweifelhaft. Das unsicherste Fundament der Verwaltungsstrafrechtstheorie ist bisher der Mangel eines streng juristischen, d. i. auf dem geltenden Rechtsboden liegenden Kriteriums. Denn — wie gesagt — der reine Ungehorsam als Kriterium des Verwaltungsdelikts ist kein juristisches Kriterium. Juristisches Kriterium ist allemal nur eine Verschiedenheit der Rechtsfolgen, wie z. B. privater

Anm. 2), so gilt dies doch von anderen von der *lex lata* als Verwaltungsdelikte aufgefafsten Delikten. Aber selbst ein bestimmtes dogmatisches Tatbestandskriterium würde die Verwaltungsdelikte nicht vom Strafrecht emanzipieren. Sollen die Bollwerke, welche das Verwaltungsstrafrecht dem Strafrecht anschliefsen und vom Verwaltungsrecht trennen, endgültig fallen, soll das Verwaltungsdelikt wirklich als nicht dem Strafrecht, sondern als dem Verwaltungsrecht zugehörig aufgewiesen werden, so bedarf es eben des Nachweises, dafs das Verwaltungsstrafrecht juristisch-dogmatisch Verwaltungsrecht ist, d. h. aber, dafs die Rechtsfolge des Verwaltungsdelikts eine verwaltungsrechtliche, keine strafrechtliche ist. Und zwar »Rechtsfolge« natürlich nicht in dem von dem Herrn Referenten mit Fug verworfenen[1]) rechtsphilosophischen Sinn einer Verschiedenheit der Strafzwecke, sondern im streng juristischen Sinne einer Rechtsverschiedenheit selbst. Vielleicht darf ich hoffen, die Bedenken auch des Herrn Referenten gegen die Anerkennung des V.St.R. als Verwaltungsrecht zu zerstreuen, wenn es mir gelingt, die verwaltungsstrafrechtliche Rechtsfolge wirklich als eine verwaltungsrechtliche und von der strafrechtlichen, mutatis mutandis, ebenso verschiedene nachzuweisen, wie es die bürgerlich-rechtliche des Schadensersatzanspruches ist. Auf den Versuch dieses Nachweises, der Zerstreuung der Bedenken des Herrn Referenten und damit der juristischen Legitimation der V.St.R.Theorie spitzt sich daher die Aufgabe meines Korreferats zu. Dafs es in der Hauptstadt desjenigen deutschen

---

Schadensersatzanspruch einerseits und staatliches Strafrecht anderseits, oder doch mindestens eine Verschiedenheit der Tatbestände hinsichtlich positiv-juristischer, nicht aber hinsichtlich solcher Merkmale, welche dem metajuristischen Deliktswesen als »Ding an sich« entnommen sind. Wenn ich oben das diesbezügliche Monitum mit einer exceptio ex injuria tertii zurückgeschlagen habe, so habe ich mich damit von der Kollektivschuld noch nicht frei gemacht. Im Gegenteil, ich habe zugegeben, dafs die Verwaltungsstrafrechtstheorie, welche als einzige den Anspruch erhebt, das Verwaltungsstrafrecht zum Verwaltungsrecht zu schlagen, diesen Anspruch auch nicht begründen kann. Das Verwaltungsstrafrecht ist auch objektives Strafrecht. Da liegt der wunde Punkt. Und gerade diesen wunden Punkt hat die I.K.V. Anspruch beseitigt zu sehen, bevor sie sich darauf einläfst, für ihre künftigen Arbeiten die Verwaltungsstrafrechtstheorie zu Grunde zu legen.

[1]) Vergl. die 2. Anmerkung dieses Referats.

Landes erstattet wird, von welchem die Aera der Polizeistraf-Gesetzgebung im 19. Jahrhundert ausgegangen ist, das betrachte ich als ein günstiges Omen.

Das V.Str.R. ist seiner Rechtsfolge nach Verwaltungsrecht, nicht Strafrecht. Das ist nun leichter behauptet als bewiesen, angesichts der garnicht abzuleugnenden Tatsache, dafs das V.Str.R., wenigstens im geltenden Recht, objektives Str.R. ist. Das V.Str.R. aber wohl oder übel als objektives Str.R. anerkennen zu müssen und doch gleichzeitig beweisen zu wollen, es sei kein Str.R. sondern V.R., scheint gerade so unmöglich, wie der Nachweis eins gleich zwei.

Nun könnte ich mich ja hinter die Autorität Labands verschanzen, der das Verwaltungsrecht als ein Konglomerat von, wie Otto Mayer gelegentlich sagt[1]), «Ablegern» der übrigen Rechtsgebiete, darunter auch des Str.R. ansieht. Aber diesseits ist immer behauptet worden, dafs das V.Str.R. keineswegs nur in diesem Sinne strafrechtlicher Bestandteil des V.R. oder vielmehr verwaltungsrechtlicher Bestandteil des Str.R. sei. Dazu kommt, dafs ich die Labandsche Auffassung vom V.R. nicht mehr für richtig halten kann[2]). Vielmehr glaube ich mit Otto Mayer[3]) an ein einheitliches öffentliches V.R., in welchem sich Verwaltung und Gliedperson als gegenseitig berechtigt und verpflichtet einander gegenüberstehen, entsprechend wie dies im Str.R., Strafprozefsrecht und Zivilprozefsrecht im Verhältnis von Justiz und Gliedperson zu einander der Fall ist. Jellinek[4]) stellt daher schon die drei letzgenannten Rechtsgebiete als «Justizrecht», dem V.R. gegenüber. Soll daher das V.Str.R. wirklich juristisch V.R. und nicht Str.R., d. i. Justizrecht sein, so mufs Subjekt des V.Str.R. die Verwaltung sein, wie Subjekt des Str.R. die Justiz ist. Da man diese Konsequenz aber rechtsdogmatisch nicht ziehen zu können, und sie rechtspolitisch auch garnicht ziehen zu sollen vermeint, steht die V.Str.Theorie scheinbar unüberwindlichen Schwierigkeiten gegenüber.

---

[1]) Dtsch. Verw. R. I S. 18 Anm. 7.

[2]) Vgl. schon Verwaltungsarchiv XI 341.

[3]) Dtsch. Verw. R. I 18; ders. Justiz u. Verwaltung, Strafsburg. Rektoratsrede, 1902. Darüber Verwaltungsarchiv XI 340 ff.

[4]) Das Recht des modernen Staates, Bd. I Allg. Staatslehre, 1900, S. 353 354. Dazu Goldschmidt, Festgabe für Koch, a. a. O. S. 416 Anm. 2.

Was nun zunächst den rechtspolitischen Gesichtspunkt anlangt, so gilt als unumstöfsliche Wahrheit, dafs die Depossedierung der V.Str.-Gewalt und die Stabilierung der alleinigen Autorität von Str.R. und Str.Justiz die durch nichts mehr zu überbietende Gewähr der staatsbürgerlichen Freiheit sei [1]. Hat man doch der diese Autorität antastenden V.Str.Theorie allen Ernstes den Vorwurf gemacht, sie beschwöre den alten Polizeistaat herauf. Ist dies aber wirklich der Fall? Ist der Staatsbürger wirklich am freiesten, wenn er sich wegen Unterlassung des gebotenen Raupens nach denselben Grundsätzen und Formen, auf derselben Anklagebank, vor demselben Richter zu verantworten hat, wie der Einbrecher? Ich glaube, nein! Der heutige Rechtszustand, das V.Str.R. als objektives Str.R., die V.Str.Gewalt als Strafjustiz, ist nur die historisch notwendige Übergangsstufe von dem Polizeistaat zum Rechtsstaat. Als die Herrschaft des alten Polizeistaates und mit ihr der alten Polizeigerichtsbarkeit zusammenbrach, suchte man nach materiellen und prozefsualen Rechtsformen, in welche man die Polizeistrafgewalt bannen könnte. Die einzigen sich darbietenden Formen waren die des Str.R. und Str.ProzefsR. Denn das einzige damals existirende öffentliche Recht war das Justizrecht [2]. So wurde denn die V.Str.Gewalt Str.R. und Str.Pr.R. Ganz ähnlich machte man es, wie Otto Mayer nachgewiesen hat [3], mit der sonstigen rechtlichen Regelung der Verwaltung. Hier verwandte man bürgerlich-rechtliche und zivilprozefsrechtliche Prinzipien. Aber die Rechtsentwickelung hat sich den Rechtsgedanken des Rechtsstaats angepafst. Ein aus eigenen Zwecken, nach eigenen Normen erwachsendes V.R. ist im Werden. Otto Mayer fordert Abwerfen der privatrechtlichen Krücken, die nicht mehr vonnöten seien. Und ebenso müssen die strafrechtlichen abgeworfen werden. Das Str.R. hat während des Ausbaues des V.R., die ihm zur Kontrolle anvertraute V.Str.Gewalt treulich bewahrt und kann sie nun beruhigt dem neu ausgebauten V.R. überliefern. Diese Überlieferung wird keine Stärkung der V Str.Gewalt bedeuten, sondern im Gegenteil eine weitere rechtliche Einschränkung

[1] Vgl. Bonnenberg, Beilage z. Preufs. Verw. Bl. XXIV No. 4 S. 19.
[2] Jellinek, System der subj. öffentlichen Rechte, Freiburg, 1892, S. 96.
[3] Justiz u. Verwaltung a. a. O.

Im Str.R. nimmt die V.Str.Gewalt ja zur Ahndung ihrer Verwaltungsdelikte die Dienste der Str.-Justiz in Anspruch, der gegenüber der zu Bestrafende als Rechtsobjekt erscheint. Im Verwaltungsrecht ist die Verwaltung zurückgedrängt in die Stellung eines gewöhnlichen subjektiv Berechtigten, der sein Recht von der Verwaltungsjustiz erhält; der Delinquent tritt ihr hier als verpflichtetes Rechtssubjekt, als Strafpflichtiger gegenüber, analog wie, mutatis mutandis, dem privatrechtlich Berechtigten der privatrechtlich Verpflichtete. Im Str.R. heifst es: «Wer usw. wird bestraft.» Im V.R. heifst es, ähnlich wie im bürgerlichen Obligationrecht: «Wer vorsätzlich oder fahrlässig die und die verwaltungsrechtliche Pflicht verletzt, ist zur Zahlung einer Geldstrafe usw. verpflichtet.» Der so Verpflichtete erfüllt seine Strafpflicht selbsttätig, wie der zur Zahlung einer Vertragsstrafe oder eines Schadenersatzes Verpflichtete.

Der Übergang vom Polizei- zum Rechtsstaat hat danach also drei Etappen. Erste Etappe: V.Str.-Gewalt unabhängig von Recht und Justiz, der zu Bestrafende rechtlos: Polizeistaat. Zweite Etappe: Verwaltungs-Str.-Gewalt als objektives Str.R. und Str.-Justiz, der zu Bestrafende Rechtsobjekt: die zur Zeit bestehende Übergangszeit. Dritte Etappe: Verwaltungs-Str.-Gewalt als subjektives, vor den Verwaltungsgerichten durchzusetzendes Verw.R., der Straffällige Pflichtsubjekt: das erst ist der Rechtsstaat.

Also rechtspolitisch dürfte der Anerkennung des V.Str.R. als subjektives V.R. nichts entgegenstehen. Die V.Str.R.-Theorie beschwört so wenig den alten Polizeistaat herauf, dafs sie vielmehr erst den Schlufsstein der rechtsstaatlichen Entwickelung bildet. Ist aber die Anerkennung des V.Str.R. als subjektives V.R. rechtsdogmatisch möglich? Diese Frage scheint nun unter allen Umständen verneint werden zu müssen, da ja das geltende Recht auf der Zwischenstufe steht, die V.Str.-Gewalt noch als objektives Str.R., als Str.-Justiz anzuerkennen.

Ist nun aber die Rechtsfolge des Verwaltungs-Delikts *de lege lata* wirklich nur ein Recht der Strafjustiz? Mittermaier [1]) hat gelegentlich darauf hingewiesen, dafs auch das staatliche Str.R. wie das Zivilrecht in gewissen Fällen nicht im Prozefswege, d. i. durch die Justiz, ausgeübt werde, sondern durch Einigung der Parteien. Dies sei der Fall bei den polizeilichen Str.-Verfügungen und den Verwaltungs-Str.-Bescheiden. Er hätte hinzufügen können, noch mehr bei dem sog. formlosen Submissionsverfahren. Die straffestsetzende Polizei- oder Verwaltungsbehörde stehe bei diesen Verfahrensarten nicht als Richter, sondern als berechtigte Partei da.

Mittermaier hat ganz recht mit seinen Beispielen. Nur unrecht hat er, wenn er daraus folgert, dafs das eigentliche Str.R. nicht notwendig im Prozefswege auszuüben sei. Das ist es allerdings. Nicht, wie man, den springenden Punkt völlig verkennend, zu glauben pflegt, aus rechtspolitischen Gründen, sei es, dafs man, das Str.R. unrichtig als in der Ausübung durch die Staatsanwaltschaft vertretenen Anspruch konstruierend, auf das Recht auf Ehescheidung als Parallele hinweist[2]), sei es, dafs man, es richtiger als durch Gericht und Staatsanwaltschaft vertretenes staatliches Gewaltsrecht auffassend, auf die Parallele des Gerichtsschutzes auch in Verwaltungssachen hinweist[3]). Warum wäre dann der St.-Prozefs nicht Zivil- oder Verwaltuugs-Prozefs? Nein, dem eigentlichen Strafrecht ist seine prozessuale Ausübung begrifflich wesentlich, so wesentlich, wie — mutatis mutandis — dem Wachschen Rechtschutzanspruch, aus dem einfachen Grunde, weil wie dieser ein Anspruch gegen die Justiz, jenes ein Recht der Justiz ist. In der Erfüllung dieses gewährt der Staat auf Grund eines Relationsurteils ausgleichende Gerechtigkeit: die Ziviljustiz. In der Ausübung jenes übt er auf Grund eines Qualitätsurteils austeilende Gerechtigkeit: die Strafjustiz[4]). Es ist daher mehr als eine «gelungene Namensgebung» [5]), wenn Max Ernst Mayer [6]) und ich [7]), gleichzeitig ohne von

[1]) Parteistellung der Staatsanwaltschaft, 1897, S. 75.

[2]) So z. B. Rosenfeld, der Reichsstrafprozefs, 1901, S. 42, 43.

[3]) Laband, Staatsrecht, 4. Aufl., III S. 355 ff.

[4]) Vgl. darüber schon Goldschmidt, Festgabe a. a. O. S. 435 ff. Auch hier mufs ich es mir versagen, diese ein völlig selbständiges Problem bietende Anthithese näher zu begründen und durchzuführen.

[5]) Vgl. M. E. Mayer, Rechtsnormen a. a. O. S. 110.

[6]) A. a. O. S. 111.

[7]) Festgabe a. a. O. S. 416 Anm. 2.

einander zu wissen, das echte Str.R., im Gegensatz zum Verw.Str.R., Justizstrafrecht genannt haben.

Wenn es danach im geltenden Recht Fälle gibt, wo das Str.R. nicht im Prozefs, d. i. nicht durch die Justiz, vielmehr durch die Verwaltung in freier Einigung mit dem Straffälligen ausgestaltet und ausgeübt wird, so beweifst dies, dafs es sich in diesen Fällen nicht um die charakteristische Rechtsfolge des Strafrechtes, die Entstehung des Rechtes der Str.-Justiz, handelt. Vielmehr enthalten jene Fälle die Anerkennung eines subjektiven Verw.Str.R.s, mithin eines subjektiven Verw.R., dem eine subjektive Straf-Pflicht gegenübersteht, die freiwillig erfüllt werden kann, und nur im Nichterfüllungsfalle im Wege des Rechtsstreites zu erzwingen ist. Dafs dieser Rechtsstreit sich nicht vor den Verwaltungsgerichten, sondern vor den Str.-Gerichten abspielt, ist schliefslich nur eine Kompetenzfrage und erklärt sich historisch zum Teil auch einfach daraus, dafs die Schaffung von modernen Verwaltungsgerichten erst eine Errungenschaft der neuesten Zeit ist. Übrigens bis zu einem gewissen Grade zeigt sich auch in dem Verfahren vor den Str.-Gerichten die verwaltungsrechtliche Natur des behaupteten Str.R. So darin, dafs die Finanzverwaltungsbehörde stets als Privat- oder Nebenkläger auftreten kann.

Danach ist also auch das rechtsdogmatische Bedenken gegen Anerkennung des Ver.Str.R. als eines subjektiven Verwaltungsrechts hinfällig. Das objektive Verw.Str.R. des geltenden Rechts erscheint als eine nur historisch zu erklärende Erscheinungsform dieses subjektiven Verwaltungsrechts. Aber auch im geltenden Recht lebt das Verw.-Str.R. Sein Gebiet ist kein anderes, als das des Verw.Str.-Verfahrens. Der feste Kadre der Ver.-Delikte ist der Inbegriff derjenigen Delikte, wegen derer nach Reichsrecht der Verwaltungsweg angeordnet oder zugelassen ist[1]). Es sind dies aber:

1) Die Post- und Portodefraudationen, wo das Str.R. der Postverwaltung zusteht: Postdelikte (G.V.G. § 13; E.G. z. St.P.O. § 5 Abs. 1; Post-Ges. v. 28. Okt. 1871 §§ 34 ff.);

[1]) Unwesentlich ist dabei, dafs die Verwaltungsbehörden in ihrer Befugnis zur Straffestsetzung auf ein gewisses Höchstmafs (Str.P.O. §§ 453, 459) beschränkt sind.

2) Die Zuwiderhandlungen gegen die Vorschriften über die Erhebung öffentlicher Abgaben und Gefälle, wo das Str.R. der Finanzverwaltung zusteht: Finanzdelikte. (G.V.G. § 13; E.G. z. St.P.O. § 6 Abs. 2 No. 3; St.P.O. §§ 459 ff.);

3) Sämtliche Übertretungen, wo das Str.R. der Polizeiverwaltung zusteht: Polizeidelikte (G.V.G. § 13; E.G. z. St,P.O. § 6 Abs. 2 No. 3; St,P.O. §§ 453 ff.).

Eine vierte und letzte Kategorie von Delikten, wegen derer das Reichsrecht den Verwaltungsweg anordnet, gewisse Zuwiderhandlungen gegen die Vorschriften der Seemannsordnung sowie ihrer Nebengesetze (G.V.G. § 13; E.G. z. St.P.O. § 5 Abs. 2; Seemnnnsordnung v. 2. Juni 1902 §§ 122 ff. usw.) möchte ich, wegen ihres nicht in sich abgeschlossenen Charakters, sowie wegen der Singularität von Delikten, Deliquenten und Strafbehörden ausscheiden.

Die so streng formell auf dem geltenden Rechtsboden gebildeten drei Kategorien: Poststrafrecht, Finanzstrafrecht, Polizeistrafrecht machen das Gebiet des Verwaltungstrafrechts aus, wie es diesseits von jeher materiell gebildet worden ist [1]. Dabei ist bezüglich der ersten beiden Gruppen, Post- und Finanzstrafrecht, völlige Kongruenz der durch formelle Abgrenzung gewonnenen Gebiete mit den materiell abzugrenzenden zu behaupten; bezüglich der dritten Gruppe, des Polizeistrafrechts, ist das nicht ganz so der Fall. Es sind nach unserer heutigen Kulturauffassung weder alle Übertretungen Polizeidelikte, noch alle Polizeidelikte Übertretungen. Aber nach der historischen Entwickelung und nach dem Willen des Gesetzgebers sollen die Übertretungen die Polizeidelikte repräsentieren. Und im grofsen und ganzen ist dies auch tatsächlich der Fall, mag man auch bezüglich einzelner Delikte annehmen, dafs sie unter eine falsche Rubrik geraten sind [2]. Solche Zweifel bezüglich der Zugehörigkeit von Grenzfällen haben, angesichts des zwischen Verwaltungsdelikten und Ver-

---

[1]) Goltd. Arch. Bd. 49 S. 90. O. Mayer, Deutsches Verwaltungsrecht I 319 kennt noch: Nichterfüllung von Dienstpflichten und Lasten und Nichtbenutzung öffentlicher Anstalten. Er gibt aber zu, dafs das geltende Recht die Rechtsfolgen dieser Verwaltungsdelikte noch als polizeiliche auffasse; a. a. O. II 272, 334.

[2]) Olshausen, 7. Aufl., Anm. 1 zu § 1, 6. Aufl., Anm. 2 zu II 29 R.St.G.B.

brechen bestehenden Abschichtungsprozesses, immer bestanden, wie sie auch immer bestehen werden. Mit Recht hat Kahl in seinem Referat für den 26. deutschen Juristentag[1]) schon jetzt für die Strafrechtsreform ganz offen heraus erklärt, es sei kein Unglück, wenn eine Handlung irrtümlich in diese oder jene Gruppe gerate. Und so würde denn selbst der Nachweis, dafs die Reichs-Strafgesetzgebung bezüglich der Abgrenzung der Polizeidelikte von den Verbrechen zufolge der prinzipiellen Stellung der Autoren des Reichs-Strafgesetzbuches eine besonders unglückliche Hand gehabt hat, die Reklamierung der Übertretungen als Polizeidelikte nicht hindern können. Es stimmt danach also auch bezüglich der dritten Gruppe des Verwaltungsstrafrechts, des Polizeistrafrechts, das auf formellem Wege abgegrenzte Deliktsgebiet mit dem materiell abzugrenzenden wesentlich überein.

Das so abgegrenzte Verwaltungsstrafrecht hebt sich so klar als solches, d. i. als subjektives Verwaltungsrecht, vom Justizstrafrecht ab, und stimmt inhaltlich so wesentlich mit dem schon seither als Verwaltungsstrafrecht reklamierten Gebiet überein, dafs die Feststellung fast als triviale Selbstverständlichkeit erscheint. Und doch hat sogar die Verwaltungsstrafr.-Theorie die Zulassung des Verwaltungsweges im Strafverfahren für ihre Zwecke bisher so wenig zu verwerten getrachtet, wie sonst eine Theorie für die Abgrenzung der Polizeiübertretungen. Dazu bedurfte es erst des Bruches mit der schon von Laband[2]) bekämpften, aber doch in der Strafrechts-Wissenschaft herrschenden[3]) Auffassung des Strafrechts als eines in der Ausübung durch die Staatsanwaltschaft vertretenen «Anspruches», ohne es doch, in das andere Extrem verfallend, mit Laband[4]) einfach der Verwaltungsgewalt gleich zu behandeln. Denn weder, wenn das Strafrecht einem Privatrechts-Anspruch gleichsteht, noch wenn es einfach staatliches Gewaltsrecht ist, ergibt sich, dafs es begrifflich auf prozessualem Wege, d. i. durch die Justiz, auszuüben ist, und dafs also ein nicht notwendig durch die Justiz

---

1) Verhandlungen III 214.

2) Staatsrecht, 4. Aufl., III S. 355, S. 493 Anm. 4.

3) Laband, a. a. O. III S. 493 Anm. 4. Dazu Gerland, Gerichtssaal, Bd. 63 S. 72 Anm. 1.

4) A. a. O. III 356. Vgl. oben S. 233 Anm. 3.

auszuübende Strafrecht auch kein echtes Strafrecht sein kann. Dies ergibt sich erst mit der Feststellung, dafs das Strafrecht dem Wachschen Rechtsschutzanspruch analog steht. Erst dann wird klar, dafs das Gebiet des Verwaltungsstraf-Verfahrens zugleich das des Verwaltungsstraf-Rechts ist.

Die so gewonnene Umgrenzung des Verwaltungsstrafrechts ergibt zweierlei. Zunächst ist schon *de lege lata* das gesamte Verwaltungsstrafrecht, darunter — was bisher auch diesseits noch nicht zu behaupten gewagt wurde — das Polizeistrafrecht, von Wissenschaft und Praxis als Verwaltungsstrafrecht, d. i. Verwaltungsrecht, zu behandeln. Das Gesetz bietet im Verwaltungs-Strafverfahren eine Handhabe dazu. Und die abweichenden Ansichten der Verfasser der Motive zum Reichs-Strafgesetzbuch können einer Fortentwickelung des Rechtes sicher nicht im Wege stehen.

Sodann aber ist eigentlich erst jetzt klar geworden, was das Verwaltungsstrafrecht als Verwaltungsrecht bedeutet: Es ist die **Deliktsobligation des Verwaltungsrechtes** [1]). Diese mit zwingender Logik sich ergebende Konsequenz erhält ihre volle Beleuchtung durch eine entwickelungsgeschichtliche Feststellung. Unsere Rechtshistoriker nehmen an, dafs das bürgerliche Obligationenrecht aus den Deliktsobligationen erwachsen sei. Ebenso ist das moderne Verwaltungsrecht in Rechtsetzung und Rechtsprechung recht eigentlich aus seiner Deliktsobligation, dem Verwaltungsstrafrecht, erwachsen.

Und so ist denn der Arbeitsplan für den, welcher der hier vertretenen Auffassung beitritt, klar vorgezeichnet: es sind für die drei als solche bezeichneten Gebiete des Ver-

---

[1]) Damit ist die seitherige, Verwaltungsstrafrecht S. 558, gegebene (auch das. S. 574 Anm 120, Goltd. Arch. Bd. 49 S. 87 Anm. 16), bereits Festgabe a. a. O. S. 441 modifizierte Konstruktion, wonach das Verwaltungsstrafrecht zu den beiden von Laband gebildeten Gruppen des Verwaltungsrechts als dritte Gruppe trat, unter dem Einflusse der von Laband abweichenden Auffassung O. Mayers über das Verwaltungsrecht (vgl. oben S. 15; schon S. 10 in der Anm.) geläutert. Die Läuterung besteht darin, dafs das objektive Verwaltungsstrafrecht als eine nur historisch zu erklärende Erscheinungsform des subjektiven Verwaltungsstrafrechts erscheint. Vgl. oben S. 19. Damit ist auch für die, welche nicht anerkennen wollen, dafs im Verwaltungsstrafrecht noch der Verwaltungsbefehl steckt, die Möglichkeit gegeben, es als Verwaltungsrecht aufzufassen.

waltungsstrafrechts, Poststrafrecht, Finanzstrafrecht, Polizeistrafrecht, von Wissenschaft und Praxis, *de lege lata* wie *de lege ferenda* die Grundsätze zu entwickeln, die sich aus ihrer Natur als Deliktsobligationen des Verwaltungsrechts ergeben. Wissenschaftlich wäre das Aufgabe des Verwaltungsrechts, nicht des Strafrechts. Aber des Strafrechts Einflufs kann sich das Delikt, welche Rechtsfolge es auch nach sich ziehen möge, niemals entziehen. Das gilt schon für das Privatdelikt [1]). Es gilt noch viel mehr für das Verwaltungsdelikt. Und das Strafrecht wird, wenn es auch die Souveränetät des Verwaltungsrechts auf seinem Deliktsgebiet anerkennen mufs, schon aus entwickelungsgeschichtlichen Gründen noch auf lange hinaus in Sachen des Verwaltungsstrafrechts eine mafsgebende Stimme behalten.

Die Statuierung des Verwaltungsstrafrechts als Deliktsobligation des Verwaltungsrechts ist nun viel mehr eine neue Formulierung für unser wissenschaftliches Bewufstsein, als ein praktisches novum et inauditum. Wenn wir Gesetzgebung und Judikatur des Verwaltungsstrafrechts durchmustern, so finden wir, dafs beide von jeher die Verwaltungsdelikte und ihre Rechtsfolge, das Verwaltungsstrafrecht, nicht eigentlich nach strafrechtlichen und strafprozefsrechtlichen Grundsätzen behandeln, sondern nach anderen, d. i. eben verwaltungsrechtlichen. Und diese Feststellung sichert nicht nur die oben geschehene dogmatische Abgrenzung des Verw. Str.R. im geltenden Recht vor dem Einwand des Formalismus, sie sichert vor allem — was unendlich wichtiger ist — dem Verw.Str.R. auch da dogmatisches Leben, wo und insoweit es formell keinen adäquaten Ausdruck im Recht gefunden hat. [2]) Verwaltungsstrafrecht ist da zu finden, wo Gesetzgebung und Praxis von den strafrechtlichen und strafprozefsrechtlichen

---

[1]) Vgl. dazu v. Liszt, die Grenzgebiete zwischen Privatrecht und Strafrecht, in Bekkers und Fischers Beiträgen zur Erläuterung und Beurteilung des Entwurfs eines B.G.B., Heft 5, 1889; ders. die Deliktsobligationen im System des B.G.B., 1898.

[2]) Sei es im ausländischen Recht, sei es im deutschen Partikularrecht, insoweit von der reichsrechtlichen Zulassung des Verwaltungsstrafverfahrens kein Gebrauch gemacht sein sollte; aber auch im Reichsrecht, insofern es das subjektive Verw.Str.R. kompetenzmäfsig beschränkt, es der Justizstrafgewalt in letzter Linie unterwirft, es als objektives Strafrecht behandelt usw.

abweichende, d. i. verwaltungsrechtliche Grundsätze anordnen,[1]) d. i. aber immer und überall.

Was zunächst den Tatbestand des Verwaltungsstrafrechts, das Verwaltungsdelikt, anlangt, so kennt

1) das geltende Recht eine verwaltungsstrafrechtliche Deliktsfähigkeit juristischer Personen[2]). Nach § 153, Abs. 1 No. 2 des Vereinszollgesetzes vom 1. Juli 1869 haben «Eisen bahnverwaltungen und Dampfschiffahrtsgesellschaften für ihre Angestellten und Bevollmächtigten rücksichtlich der Geldbufsen usw. zu haften»; ebenso wird auf Grund des § 153 Abs. 1 No. 1 des Vereinszollgesetzes angenommen, dafs juristische Personen deliktsfähig sind.[3]) Dem Justizstrafrecht ist eine Deliktsfähigkeit juristischer Personen unbekannt.

2) Sodann kennt das geltende Recht eine verwaltungsstrafrechtliche Haftung für fremdes Verschulden. Auch hier zunächst nur eine finanzstrafrechtliche,[4]) aber bis zu einem gewissen Grade auch eine polizeistrafrechtliche.[5]) Freilich ist Haftung für fremdes Verschulden hier wie im B.G.B. §§ 831, 832 nur cum grano salis zu nehmen. In Wahrheit handelt es sich überall[6]) nur um eine widerlegbar vermutete culpa in eligendo, custodiendo, administrando.[7]) Aber trotzdem ist klar,

---

[1]) Zu diesem erst bei der Drucklegung eingefügten Gedanken bin ich angeregt worden durch den Gedankenaustausch mit dem zeitigen Vorsitzenden der Verwaltungsstrafrechts-Kommission, Herrn Prof. Mittermaier.

[2]) And. Ans. O. Mayer, Dtsch.Verw.R. I 451 Anm. 9 S. 467 Anm. 36; Binding, Hdb. I 310; Olshausen, 7. Aufl., Teil I Abschnitt 4, Anm. 6; Goldschmidt, Verwaltungsstrafrecht, 423 Anm. 62. Richtig hingegen Bonnenberg, Preufs. Verw.Bl. XXIV S. 59; Jellinek, System 246; Kohler, Lehrb. d. Bürgl. R. I 1901, S. 330, 331; wohl auch Löbe, das deutsche Zollstrafrecht, 3. Aufl., 1901, S. 167 Anm. 1 zu § 153 V.Z.G. Vgl. dazu einerseits Reichsgericht Entsch. in Strafs. XVI 123, XXVIII 105, XXXIII 266, andererseits XXVI 301.

[3]) Löbe, a. a. O. S. 169 Anm. 4 zu V.Z.G. § 153.

[4]) Binding, Hdb. I 489 Anm. 5; O. Mayer, Dtsch. Verw.R. I 466, 467; v. Liszt, Lehrb. 12. u. 13. Aufl., 251 Anm. 5; Löbe, a. a. O. 167, Anm. 1 zu V.Z G. § 153; Goldschmidt, a. a. O. 423 Anm. 62.

[5]) Goldschmidt, a. a. O. 477 Anm. 92. Vgl. z. B. preufs. Jagdpolizei-Ges. v. 7. März 1850 § 19. Vgl. Kammergericht bei Johow XVII 311 u. bei Goltdammer Bd. 49 S. 151.

[6]) Nur im V.Z.G. 153 Abs. 1 No. 2 nicht, soweit er die Haftung der juristischen Personen auch für andere als ihre Willensorgane statuiert.

[7]) Binding, Hdb. I S. 490, Goldschmidt, a. a. O. 477.

dafs — wie das Reichsgericht gelegentlich sagt [1]) — «die eigentümliche Einrichtung der subsidiären Verhaftung überhaupt nicht mit den allgemeinen Grundsätzen des Strafrechts in Einklang zu bringen ist, sondern auf besonderen Zweckmäfsigkeitgründen beruht.» Diese «besonderen Zweckmäfsigkeitsgründe» sind Verwaltungsrecht.

3) Endlich nimmt man ganz allgemein eine verwaltungsstrafrechtliche Haftung ohne Verschulden für das Finanzrecht an. [2]) Für das Postrecht wenigstens eine Haftung ohne Verschulden, wie das Reichsgericht [3]) sich ausdrückt, «in der juristisch-technischen Bedeutung des Wortes». Für das Polizeirecht ist zwar die von der französischen, preufsischen, hessischen usw. Praxis angenommene Haftung ohne Verschulden (fait matériel) [4]) aufgegeben [5]). Immerhin fehlt bei den Übertretungen durchweg im Gesetz die Schuld als Tatbestandsmerkmal. Und die herrschende Ansicht nimmt wenigstens an, dafs bei ihnen jedenfalls Fahrlässigkeit genüge, [6]) Otto Mayer sogar, dafs auch diese zu vermuten sei. [7]) Diese Behandlnng steht, wie Binding [8]) ganz richtig sagt, im Widerspruch mit den «höchsten Grundsätzen» der Strafgerechtigkeit. Sie läfst sich nur verwaltungsrechtlich erklären.

Weicht danach die Behandlung des Tatbestandes des Verwaltungsstrafrechtes, des Verwaltungsdelikts, in der geltenden Rechtspraxis unverkennbar von der des Verbrechens ab, so gilt das nämliche von der Rechtsfolge. Hier hat einfach die Praxis für die Ausübung des Verwaltungsstrafrechts anstelle des gesetzlichen Legalitätsprinzips das Opportunitätsprinzip untergeschoben. Und zwar nicht nur für die Verwal-

---

[1]) Entsch. in Strafs. XXV 296, 297.

[2]) v. Liszt, Lehrb. 162; Frank, Anm. VIII 1 zu § 59 R.St.G.B.; Olshausen, Teil I, Abschnitt IV Anm. 2. And. Ans. O. Mayer, Dtsch. Verw.R. I 451; Löbe, Anm. 1 zu V.Z.G. § 137; Goldschmidt, a. a. O. 423 Anm. 64.

[3]) Entsch. in Strafs. XXV 292.

[4]) Goldschmidt, a. a. O. 209, 272, 291, 328, 490, 498.

[5]) Goldschmidt, a. a. O. 478 Anm. 94.

[6]) Frank, Anm. II zu II 29 R. St.G.B., Olshausen, Anm. 2 zu II 29. And. Ans. Binding, Grdr. Allg. Teil, 6. Aufl., 1902. S. 113. Vgl. darüber Goldschmidt, a. a. O. 475, 476.

[7]) Dtsch. Verw.R. I 320, 321. Dazu Goldschmidt, a. a. O. 477 Anm. 92.

[8]) Normen II 616.

tungsbehörden, insoweit sie als domini litis des Verwaltungsstrafverfahrens tätig werden, wo sich das Opportunitätsprinzip meines Erachtens gesetzlich unmittelbar begründen läfst. [1]) Sondern auch, was sich gesetzlich schon schwerer rechtfertigt, [2]) für die Polizeibeamten, insoweit sie im Sinne des § 161 der Strafprozefsordnung tätig werden. [3]) Die Polizeibehörden weisen unbekümmert um Legälitätsprinzip und die Zuchthaus drohenden §§ 346, 357 R.St.G.B., ihre Beamten vielfach an, nicht sofort bei der ersten Übertretung Anzeige zu erstatten. Der Gedanke ist eben, dafs, insoweit der Verwaltungsweg zugelassen ist, gar kein nach strafprozefsrechtlichen Grundsätzen zu beurteilendes Verhältnis zwischen Staat und Gliedperson obwaltet, sondern ein nach Verwaltungsrecht sich richtendes.

Von der geschilderten Rechtspraxis erklärt sich die Behandlung der Rechtsfolge des Verwaltungsstrafrechts ohne weiteres aus der charakterisierten Natur des Verwaltungsstrafrechts als eines subjektiven Verwaltungsrechtes. Dagegen bedarf es für die Behandlung des Tatbestandes, des Verwaltungsdelikts, noch der näheren Darlegung, inwiefern auch sie verwaltungsrechtlich zu erklären ist. Sie gipfelt, wie geschildert, in dem Zurücktreten des Schuldmoments. Und allerdings offenbart sich darin das Verwaltungsdelikt als verwaltungsrechtlicher Tatbestand.

1) Für die Erzeugung einer verwaltungsrechtlichen Deliktsobligation kommt es nämlich, wie für Erzeugung einer zivilrechtlichen, und im Gegensatz zum Entstehungsgrund des Justizstrafrechts, nicht so sehr auf das Delikt als solches, d. i. die subjektive Schuld, die Pflichtwidrigkeit an, als vielmehr auf die dadurch verursachten objektive Interessenverletzung, den Schaden. Das Verschulden ist beim Verwaltungsdelikt, wie beim Privatdelikt, wohl ein naturale, aber nicht, wie beim Verbrechen, ein essentiale. Die Interessenverletzung, welche essentiale des Verwaltungsdelikts ist, ist die des Interesses der Verwaltung an einem bestimmten, verwal-

---

[1]) Goldschmidt. Verwaltungsstrafrecht, 433 ff., 446 Anm. 34. And. Ans. Lindenau, Beilage z. Preufs. Verw.Bl., XXV No. 9, S. 142 Anm. 2.

[2]) R.G. Entsch. in Strafs. XII 161; Lindenau, a. a. O. 141 ff.; Goldschmidt, Dtsch. Jur.Zt. VII 212.

[3]) Vgl. Lindenau, a. a. O.

tungsmäfsigen Verhalten ihrer Glieder, die Postwidrigkeit, Finanzwidrigkeit, Polizeiwidrigkeit, kurz die Verwaltungswidrigkeit.[1]) Sie erzeugt für den Verletzten, die Verwaltung, das Bedürfnis, dem unzuverlässigen Gliede seine Pflicht ihr gegenüber durch Strafen einzuschärfen, Diese Verschiedenheit des Gesichtspunktes von Verbrechen und Verwaltungsdelikt rechtfertigt u. a. meines Erachtens allein die Rechtsgiltigkeit landespolizeirechtlicher Strafbestimmungen gegen reichsstrafrechtlich für straflos erklärte Handlungen. Ich erinnere an die Bestimmung des Württembergischen P.Str.G.B. gegen den Konkubinat. Und in der Antithese: Pflichtwidrigkeit ·/. Verwaltungswidrigkeit haben wir meines Erachtens über den Weg der Rechtsfolge die streng juristische Quintessenz der Verschiedenheit auch der Tatbestände: Verbrechen ·/. Verwaltungsdelikt gefunden.[2])

2) Mit der Feststellung, dafs beim Verwaltungsdelikt, wie beim Privatdelikt und anders als beim Verbrechen, die Schuld kein essentiale, sondern nur ein naturale sei, ist aber die Eigenart der verwaltungsrechtlichen Schuldlehre noch nicht erschöpft. Es bleibt noch zu erklären, warum beim Verwaltungsdelikt das doch immerhin naturale Schuldmoment vielfach nicht einmal zur Begründung der Deliktsobligation nachgewiesen zu werden braucht, während dies doch sogar beim Privatdelikt geschehen mufs. Es erklärt sich dies daraus, dafs das Verwaltungsdelikt begrifflich ist, was das Privatdelikt bekanntlich gerade nicht ist,[3]) nämlich Obligationsverletzung und zwar Verletzung der Subordinationsobligation verwaltungsmäfsigen Verhaltens.[4]) Wie aber im Zivilrecht der Gläubiger, der aus der Obligation

---

[1]) Goldschmidt, Verwaltungsstrafrecht § 27; ders. Dtsch. Jur.Zt. VII 212 ff.; ders. Goltd. Arch. Bd. 49 S. 71 ff.; ders. Festgabe a. a. O. 425. Vgl. schon O. Mayer, Dtsch. Verw.R. I 319.

[2]) Vgl. oben S. 227 i. d. Anm.

[3]) v. Liszt, Deliktsoblig. a, a. O. S. 11; Dernburg, das bürg. Recht II 1 (1. u. 2. Aufl. 1899) S. 138, § 64; II 2 (1. u. 2. Aufl. 1901) S. 614 § 383.

[4]) Goldschmidt, Verwaltungsstrafrecht, 559; ders. Festgabe 425. Der Erzwingung der Erfüllung dieser Obligation dient der Exekutiv- oder Ordnungsstrafzwang. Vgl. Frank, Studien a. a. O. S. 11; Isaac, Ztschr. f. d. ges. Strafrechtswiss. XXI 625 ff.; Goldschmidt, Verwaltungsstrafrecht, 562 Anm. 83, S. 564.

Schadensersatz verlangt, regelmäfsig kein Verschulden des Schuldners zur Begründung seines Ersatzanspruches nachzuweisen braucht, [1]) so auch nicht die strafberechtigte Verwaltung. Freilich mufs dem Verpflichteten, wie im Zivilrecht, so auch im Verwaltungsrecht der Nachweis offen bleiben, dafs ihn kein Verschulden trifft. Insoweit die finanzstrafrechtliche Praxis diesen Nachweis dem Verpflichteten verschliefsen will, ist sie zu mifsbilligen. [2]) In der Tat aber neigt sie zu seiner Zulassung. So sagt das Reichsgericht in einer neueren Entscheidung: [3]) «. . . wenn die Ordnungswidrigkeit lediglich durch einen nicht vorherzusehenden und unabwendbaren Zufall herbeigeführt wurde, kann sie straflos bleiben.»

Die gegebene Auffassung des Verwaltungsdelikts als Nichterfüllung einer verwaltungsrechtlichen Obligation fufst auf den epochemachenden Feststellungen Otto Mayers.[4]) Und zwar ist sie keine blofse Konstruktion, sondern eine reale Rechtserscheinung, die sich bei der überwiegenden Mehrzahl der Verwaltungsdelikte im Tatbestande ausprägt. Man kann geradezu sagen, dafs es nur bei den Delikten nicht der Fall ist, welche in dem zwischen Verwaltungsdelikten und Verbrechen, infolge der Fortbildung des Rechts durch die Verwaltung,[5]) stetig sich vollziehenden Abschichtungsprozefs[6]) als Verwaltungsdelikte bereits auf dem Aussterbeetat stehen. So bei einer Anzahl der im Reichs-Strafgesetzbuch enthaltenen Übertretungen. Das echte Verwaltungsdelikt — und das haben wir nicht im Reichs-Strafgesetzbuch, sondern in den Reichsnebengesetzen, den Landesgesetzen, vor allem aber in den Polizeiverordnungen zu suchen — ist seinem Tatbestande nach die Zuwiderhandlung gegen eine selbständige dem Verwaltungsrecht angehörige Norm. Alle Polizei-

[1]) Dernburg, a. a. O. II 1 S. 150, 155, §§ 70, 71.

[2]) Goldschmidt, Verwaltungsstrafrecht, 423 Anm. 64.

[3]) V. 3. Dez. 1897, Entsch. in Strafs. XXX 365.

[4]) Deutsches Verwaltungsrecht I, 306 ff., 447; derselbe, Theorie des französischen Verwaltungsrechts, 1886. Die diesseits, Verwaltungsstrafrecht 207, gegen O. Mayer erhobenen Bedenken richten sich nur gegen eine zivilrechtliche Auffassung der Verwaltungsobligation. Die ebenda 480 Anmerkung 103 geäufserten Zweifel, schon de lege lata für das Polizeistrafrecht so zu konstruieren wie O. Mayer, sind nunmehr hinfällig.

[5]) Laband, Staatsrecht, II 173 ff.

[6]) Goldschmidt, Verwaltungsstrafrecht, § 33.

verordnungen stellen erst die Norm auf und dann heifst es am Schlufs: »Zuwiderhandlungen werden bestraft«. Jene Norm ist wesentlich Verwaltungsbefehl. Gleichgültig ist, ob sie selbst zugleich Rechtssatz ist,[1]) dies sofern sie die Form eines Gesetzes oder einer Verordnung aufweist, oder ob sie blofses Rechtsgeschäft, dies als Verfügung,[2]) ist, während ihre rechtliche Grundlage in einem allgemeinen Satze des Verwaltungsrechtes zu suchen ist. Mit anderen Worten für das Verwaltungsstrafrecht trifft, wie diesseits bereits an anderer Stelle[3]) für die Sache selbst dargelegt wurde, so auch regelmäfsig der Form nach die Bindingsche Normentheorie völlig zu. Ein Delikt, welches, wie das Verwaltungsdelikt, begrifflich Nichterfüllung einer verwaltungsrechtlichen Obligation ist, mufs in der Tat regelmäfsig einer selbständigen dem Verwaltungsrecht angehörigen Norm zuwiderlaufen. Nicht von ungefähr also ist, wie Binding selbst erklärt, der »Hochsitz« seiner Norm im »Verwaltungsrecht«,[4]) die Normentheorie grade in Rosins Polizeiverordnungsrecht mit Glück durchgeführt.[5]) Nicht von ungefähr aber auch sachlich nach der Normentheorie das Delikt Verletzung des staatlichen Rechtes auf Botmäfsigkeit, das Strafrecht ein der Justiz selbständig gegenüberstehendes, verwandeltes Recht auf Botmäfsigkeit.[6]) Und der

---

[1]) Über die Doppelnatur jedes die Untertanen verpflichtenden Verwaltungsrechtssatzes als Verwaltungsbefehl und Rechtssatz vergl. Goldschmidt, Festgabe a. a. O.

[2]) So auch Rosin, Polizeiverordnungsrecht in Preufsen, 2. Auflage S. 26. Vgl. auch Binding, Normen I, 2. Aufl., S. 314 Anm. a. E.

[3]) Goldschmidt, Festgabe a. a. O. 426 ff.; auch schon derselbe, Goltdammers Archiv, Band 49, Seite 88 i. d. Anmerkung und Kohler im Juristischen Literatur-Blatt 1891, Seite 180; ders., Einführung in die Rechtswissenschaft, 2. Aufl., S. 154.

[4]) Normen I, 2. Auflage Seite 97, 66 ff.; Goldschmidt, Festgabe, 429.

[5]) Mit der Erkenntnis (Goldschmidt, Festgabe a. a. O.), dafs die Normen des Verwaltungsstrafrechts immer Verwaltungsbefehle sind, anderseits doch Rechtssätze sein können, werden die Bedenken hinfällig, welche diesseits in Goltdammers Archiv, Band 49, Seite 87, Anmerkung 16 in Anlehnung an O. Mayer, Deutsches Verwaltungsrecht I, 309, Anmerkung 2 und unter Berufung auf Verwaltungsstrafrecht 574, Anmerkung 120 gegen Rosins Anerkennung der Normentheorie für die Polizeidelikte erhoben sind. Freilich Strafrecht ist der die verwaltungsrechtliche Norm sanktionierende Verwaltungsstrafrechtssatz nur in dem Sinne, in dem das Verwaltungsstrafrecht überhaupt im geltenden Recht objektives Strafrecht ist.

[6]) Goldschmidt, Festgabe, 437, Anmerkung 1.

Ausbau des Verwaltungsstrafrechts als eines subjektiven Verwaltungsrechts bedeutet seine völlige Zurückdrängung in die Stellung eines sekundären Rechts, die völlige Hervorhebung der primären Natur des durch die Norm repräsentierten Rechts der Verwaltung auf Botmäfsigkeit.

Mit der Feststellung des Zweckes der Norm als selbständiger Verpflichtungsgrund ist u. a. für die Norm des Verwaltungsstrafrechts das Rätsel gelöst, um dessen Lösung die Anhänger der Normentheorie sich bisher vergeblich bemüht haben,[1]) nämlich ob die Norm einen subjektiven Tatbestand enthält oder nicht, d. h. ob sie z. B. lautet: »Niemand darf einen Strafsen-Eisenbahnwagen besteigen, welcher durch das Schild »Besetzt« als voll bezeichnet ist«, oder: »Niemand darf vorsätzlich oder fahrlässig einen Strafsen-Eisenbahnwagen besteigen usw.« Die dem Verwaltungsrecht angehörige Norm, welche den Untertan zu einer bestimmten Handlung oder Unterlassung verpflichtet, enthält einen subjektiven Tatbestand so wenig, wie eine entsprechende Norm des bürgerlichen Rechts. Denn sie hat, wie diese, ihren selbständigen, regelmäfsig auch selbständig erzwingbaren Zweck, unbekümmert darum, ob im Falle ihrer Verletzung der Schuldner »Vorsatz und Fahrlässigkeit zu vertreten« (B.G.B. § 276) hat. Und ein Blick auf das Hamburger Strafsen-Eisenbahn-Reglement, dem obiges Beispiel entnommen ist,[2]) lehrt das Zutreffende der diesseitigen Auffassung; es verbietet einfach das Besteigen des besetzten Strafsenbahnwagens.

Schliefslich erklärt sich nun, warum auch die Gegner der Normentheorie für das Strafrecht doch das Polizeidelikt als Ungehorsam ansehen. Sie geben aber damit eben, wie unser verehrter Herr Referent schon treffend betont hat,[3]) zu, dafs die Polizeidelikte dem Strafrecht nicht angehören.

---

[1]) Binding, Normen, I, 2. Auflage, Seite 53; Finger, Österreichisches Strafrecht I, 2. Auflage, Seite 85, Anmerkung 56; derselbe, Lehrbuch des deutschen Strafrechts I, Seite 98, 99; Höpfner, Einheit und Mehrheit der Verbrechen, 1901, Seite 130 ff.; derselbe, Zeitschrift für die gesamte Strafrechtswissenschaft XXIII, Seite 643 ff.

[2]) § 44 desselben bei Wulff, Hamburg. Gesetze und Verordnungen 2. Auflage, II, 1903, Seite 52.

[3]) Frank, Studien a. a. O., Seite 18.

Die Gesetzgebung und Praxis, meine Herren, steht also der Auffassung des Verwaltungsstrafrechts als Deliktsobligation des Verwaltungsrechts, des Verwaltungsdelikts als Nichterfüllung einer verwaltungsrechtlichen Obligation nicht nur nicht entgegen, sondern läfst sich überhaupt nur unter diesem Gesichtspunkt erklären. Die heute versuchte juristisch-dogmatische Loslösung des Verwaltungsstrafrechts vom Strafrecht würde also, wenn sie geglückt ist, in der Tat nur eine wissenschaftliche Formulierung bestehender Rechtstatsachen sein. Sie hofft aber damit zugleich den Boden zu liefern zum weiteren wissenschaftlichen und praktischen Ausbau des Verwaltungsstrafrechts im verwaltungsrechtlichen Sinne. Denn in ihrem Lichte wird das Besondere zum Allgemeinen, das scheinbar Zufällige zur organischen Notwendigkeit. Dies gilt von der meines Erachtens nur im Verwaltungsrecht anzuerkennenden Deliktsfähigkeit juristischer Personen,[1]) der Haftung für culpa in eligendo, custodiendo, administrando, der Gleichstellung von Vorsatz und Fahrlässigkeit, der widerlegbaren Schuldvermutung. Aber noch zur Zeit garnicht übersehbare Folgen werden sich ergeben. So wird, wie schon wiederholt ausgeführt, und wie die Anerkennung der Normentheorie für das Verwaltungsdelikt zur Folge hat, der dem Deliquenten nachzulassende Nachweis der Schuldabwesenheit auch die entschuldbare Normenunkenntnis mit begreifen.[2]) Man kann sagen, dafs auch diese Konsequenz der Verwaltungsstrafrechtstheorie schon geltende Praxis ist. Das Reichsgericht, welches bekanntlich streng an dem Satze, dafs Strafrechtsirrtum schade, festhält, hat in einer neuesten Entscheidung vom 6. Juli 1903 (Entscheidungen XXXVI 362) ausdrücklich ausgesprochen: »Allgemeine, kraft gesetzlicher Ermächtigung von der zuständigen Verwaltungsbehörde erlassene Ausführungsverordnungen . . . müssen zwar als Rechtsnormen gelten, deren Verletzung die Revision begründet; sie haben aber nicht die Bedeutung eines Strafgesetzes, und deshalb ist für

---

[1]) Ebenso Jellinek, System a. a. O., 246 ff.; Kohler, Lehrbuch des Bürgerlichen Rechts I, 1904, Seite 330, 331; and. Ans. Hafter, die Delikts- und Straffähigkeit der Personenverbände, 1903, Seite 95.

[2]) Goldschmidt, Verwaltungsstrafrecht § 30; derselbe Festgabe, Seite 429, Anmerkung 1.

den Zuwiderhandelnden die Berufung auf Nichtkenntnis und irrige Auffassung nicht ausgeschlossen.« Das ist einfach die Anerkennung der Normentheorie für das Verwaltungsstrafrecht und damit der Verwaltungsstrafrechtstheorie. Als weitere Folgerung wird sich für die begrifflich ja nicht notwendig vorsätzlichen Verwaltungsdelikte der grundsätzliche Wegfall von Versuch[1]) und Teilnahme[2]) ergeben. Schliefslich bedarf die Anwendbarkeit der allgemeinen Schuldausschliefsungsgründe, der Unzurechnungsfähigkeit einerseits, der Notwehr und des Notstandes anderseits, neuer Nachprüfung auf verwaltungsrechtlicher Grundlage.[3]) Stöfst doch gerade die Anwendbarkeit des Schuldausschliefsungsgrundes des Notstandes auf Polizeidelikte, wie neuerlich Titze[4]) am Falle des Erschiefsens einer marodierenden Katze in der Nähe bewohnter Gebäude dargetan hat, auf rein strafrechtlich geradezu unüberwindliche Schwierigkeiten. Fruchtbringend für den Ausbau des verwaltungsrechtlichen Deliktsrechts wird neben dem Strafrecht auch das bürgerlich-rechtliche Recht der Schuldverhältnisse, insbesondere der unerlaubten Handlungen herangezogen werden. Anzuknüpfen hätte die wissenschaftliche Bearbeitung an den, ich kann nur wiederholen, epochemachenden Vorgang Otto Mayers[5]).

So, meine Herren, lege ich also, im Gegensatz zum Herrn Referenten, dessen Thesen sämtlich de lege ferenda abgestellt sind, das Hauptgewicht auf einen wissenschaftlichen Ausbau, auf eine praktische Durchführung der Verwaltungsstrafrechtstheorie *de lege lata*. Bisher liegen nur, aufser einer prinzipiellen Billigung der Verwaltungsstrafrechtsidee durch Max Ernst Mayer,[6]) zwei allerdings treffliche Arbeiten von Praktikern vor. Die eine von dem verdienstvollen Herausgeber des Verwaltungsarchivs, dem Senatspräsidenten an dem preufsischen Oberverwaltungsgericht Schultzenstein[7]) über

---

[1]) Goldschmidt, Verwaltungsstrafrecht, 422, Anmerkung 60, Seite 216; unrichtig daselbst Seite 581.

[2]) Goldschmidt, a. a. O. 216, 332, 581.

[3]) O. Mayer, Deutsches Verwaltungsrecht I, 323.

[4]) Deutsche Juristen-Zeitung, IX Seite 286 ff.

[5]) Deutsches Verwaltungsrecht I 306 ff., 447 ff.

[6]) Vergl. oben S. 12, 13 i. d. Anm.

[7]) Vergl. oben S. 12 i. d. Anm.

die diesseits geforderte Übertragung der Rechtsprechung in Verwaltungsstrafsachen auf die Verwaltungsgerichte. Die andere von dem österreichischen Ober-Finanzrat von Bauer[1]), welcher versucht hat, die Verwaltungsstrafrechtstheorie für die Reform des österreichischen Finanzstrafverfahrens zu verwerten. Dafs die ersten, welche der Verwaltungsstrafrechtstheorie zugestimmt haben, Praktiker sind, betrachte ich als Gewähr für die Praktikabilität der Theorie. Aber das ist nur ein, wenn auch verheifsungsvoller Anfang. Solange nicht mehr vorliegt, vermag ich von einer lex ferenda nicht viel zu hoffen. Deshalb möchte ich auch mit Vorschlägen de lege ferenda sehr vorsichtig sein, und daher trage ich Bedenken, zu den detaillierten Vorschlägen des Herrn Referenten überhaupt im Einzelnen Stellung zu nehmen. Vielmehr möchte ich mich auf folgende Bemerkungen beschränken.

Unzweifelhaft ist dem »fast einstimmig« gefafsten Beschlusse des 26. deutschen Juristentages, für die Reform des Reichs-Strafgesetzbuchs das Polizei-Strafrecht, d. i. II 29, qua Verwaltungsstrafrecht, auszuscheiden, beizustimmen. Dieser Beschlufs darf wohl, wie schon sein Wortlaut, ebenso wie das ihn begründende Referat von Kahl ergibt, geradezu als grundsätzliche Billigung der Verwaltungsstrafrechtstheorie angesehen werden. Wenn und insoweit nun aber eine anderweite Kodifikation des so frei gewordenen Polizeistrafrechts erfolgt, so ist entschieden zu verwerfen, dafs dies in einem Verwaltungs-Strafgesetzbuch[2]) geschehe, nach Art der süddeutschen Polizeistrafgesetzbücher. Das wäre eine rückläufige Bewegung. Zu fordern ist, was sogar den preufsischen Ministern des absoluten Staates schon immer vorgeschwebt hat,[3]) ein Verwaltungs-Gesetzbuch in der Art, mutatis mutandis, eines Bürgerlichen Gesetzbuches. Dasselbe wird die Rechte und Pflichten der Verwaltung und gegenüber der Verwaltung normieren, darunter die Strafrechte und Strafpflichten bei den einschlägigen Materien. Dafs man dieselben von den

---

[1]) Vergl. oben S. 13 i. d. Anm.

[2]) So Kunckel in der Zeitschrift für Zollwesen II 127.

[3]) Goldschmidt, Verwaltungsstrafrecht, 286. Der Wunsch ist also auch für Preufsen nicht so «fromm», wie Fleischmann, Zeitschr. f. d. ges. Strafr.-Wiss. XXIV 779, meint.

einschlägigen Materien trennen konnte, — ein Verfahren, gegen das schon die Motive zum württembergischen Polizeistrafgesetz vom 2. Oktober 1839 Bedenken erheben[1]) — wird später ebenso unfafslich erscheinen, wie eine Trennung der bürgerlich-rechtlichen Schadensersatzpflicht vom sonstigen bürgerlichen Recht. Damit ergibt sich dann von selbst — insoweit in direktem Gegensatz zum letzten Absatz der These IV des Herrn Referenten — die Kompetenz der Verwaltungsgerichte für über die Verwaltungsstrafrechte und Strafpflichten sich erhebende Streitigkeiten.[2]) Die Vorteile einer derartigen Konzentration der Verwaltungsrechtsprechung bei den Verwaltungsgerichten sind jetzt auch von anderer Seite, praktischer[3]) wie theoretischer[4]), anerkannt worden. Insbesondere würden auch die Mifsstände fortwährender Divergenzen in der Rechtsprechung von Verwaltungsgerichten und Strafgerichten über die Rechtsgültigkeit derselben Polizeiverordnung ihr Ende finden. Die Mifsstände sind erst neuerdings, laut Zeitungsbericht, im Preufsischen Abgeordnetenhause in der Sitzung vom 13. Februar 1903 durch den Abgeordneten Schmitz-Düsseldorf zur Sprache gebracht worden.

Ist aber die Kodifikation des Verwaltungsstrafrechts in einem Verwaltungs-Gesetzbuch die natürliche Folgerung der Verwaltungsstrafrechtstheorie, so folgt daraus weiter, dafs sie nur insoweit Reichssache sein kann, als die Verwaltung Reichssache ist. Dies ist der Fall für das Postrecht und grofse Teile des Finanzrechts, dagegen nicht für das Polizeirecht. Von diesem gehören nur Teile, insbesondere das Gewerbepolizeirecht, zur Reichskompetenz. Grundsätzlich wäre das Polizeirecht also der landesrechtlichen Ordnung zu überweisen. Insoweit die letzte These des Herrn Referenten dem entgegen stehen sollte, wäre ihr zu widersprechen, immer aber unbe-

---

[1]) Archiv des Kriminal-Rechts N. F. 1840, Beilageheft Seite 22.

[2]) Goldschmidt, Verwaltungsstrafrecht § 32; Deutsche Juristen-Zeitung VII 214; Goltdammers Archiv Band 49, Seite 91; dazu Schultzenstein, Verwaltungsarchiv XI, 149 ff., 395, 396.

[3]) Schultzenstein a. a. O.; Bauer, Finanzarchiv XX 2, Seite 81.

[4]) Zorn (Verwaltungsarchiv XI, 396, Anmerkung 19a); Schücking, Jurist.-Literaturblatt 1902, Seite 164; Fleischmann, Zeitschrift für Eisenbahnrecht, XIX, Seite 299.

schadet der deutschen Rechtseinheit, welcher dadurch kein Abbruch geschehen würde. Denn einmal ist ein grofser Teil der Übertretungen in II 29 nach unserer heutigen Rechtsauffassung bereits als Verbrechen anzusehen und daher für das Reichsrecht in Anspruch zu nehmen. Dazu sind nicht nur zu rechnen die Übertretungen des § 370, sondern auch, wie Kahl[1]) treffend ausgeführt hat, Bettel und Landstreicherei.[2]) Sodann könnte man die reichsrechtliche Regelung gewisser allgemeiner Grundsätze des Polizeirechts und also auch des Polizeistrafrechts ins Auge fassen. Dem Rest des Torsos in II 29 Reichs-Strafgesetzbuch würde wohl niemand eine Träne nachweinen.

Lost not least fragt sich: welches sind die Aufgaben, die der I.K.V. bei dem wissenschaftlichen Ausbau und der praktischen Verarbeitung der Verwaltungsstrafrechtstheorie de lege lata, sowie bei Vorbereitung einer lex ferenda zufallen? Da ist zu sagen: Die rein wissenschaftliche Arbeit ist ja begrifflich Einzelarbeit, und der Einflufs auf die Praxis könnte immer nur ein moralischer sein. Die lex ferenda aber liegt noch in weitem Felde. Entfällt damit für die I.K.V. jede Möglichkeit einer Mitarbeit? Keineswegs! Vielmehr bietet gerade unser Problem Gelegenheit zu einer Organisationsarbeit, wie sie wiederum kein Privater, sondern nur eine Gesamtheit von der Bedeutung und Zahl der I.K.V. leisten kann. Das entworfene Arbeitsprogramm de lege lata wie de lege ferenda setzt Quellenbeherrschung voraus; und eine Quellenbeherrschung ist auf dem Gebiete des Verwaltungsstrafrechts, wie des Verwaltungsrechts besonders erschwert.

---

[1]) Verhandlungen des XXVI. Deutschen Juristentages, 1903, III, 1 S. 214.

[2]) Der »grobe Unfug« gehört nicht zu den Verbrechen. Er ist aber auch kein spezielles Verwaltungsdelikt im rechtsstaatlichen Sinne, sondern eine clausula generalis der Ordnungsstörung, deren polizeistaatliche Allgemeinheit kaum durch das Erfordernis der »Grobheit« gemildert wird. Er verhält sich zum sonstigen Verwaltungsdelikt etwa wie die »Ungebühr« in G.V.G. § 179 zum Ungehorsam in G.V.G. § 178 (die Strafbarkeit von gegenüber dem Gericht bedrohten Ordnungswidrigkeiten dehnt das Württembergische Gesetz vom 12. August 1879 Artikel 2 und 3 auf Ordnungswidrigkeiten gegenüber anderen Behörden aus). Damit entfallen die von O. Mayer, Verwaltungsarchiv XI, 351, 352 u. Frank, Mitteil. d. I.K.V. XII, S. 214, aus dem »groben Unfug« gegen die diesseitige Konstruktion der Verwaltungswidrigkeit hergeleiteten Bedenken.

Nach alledem resümiere ich dahin:

Der These I des Herrn Referenten setze ich meine These I direkt entgegen: Verwaltungsstrafrecht contra Bagatellstrafrecht. Im Übrigen schiebt sich vor die Thesen des Herrn Referenten meine These II insofern ein, als sie vor der Hand den reformatorischen Schwerpunkt auf eine Schwenkung von Wissenschaft und Rechtsprechung de lege lata legt und dazu den Weg weisen möchte, während die Thesen des Herrn Referenten eine Abhilfe nur de lege ferenda vorsehen. De lege ferenda möchte ich mich auf den Inhalt meiner These III beschränken. Damit wird freilich zu den reichhaltigen Thesen des Herrn Referenten nur insoweit Stellung genommen, als dem letzten Absatz seiner These IV widersprochen (No. 1 am Ende meiner These III), und seiner These VI (durch No. 2 meiner These III) eine Mafsgabe eingefügt wird. Aber in dieser Reserve liegt Prinzip, insofern damit zum Ausdruck gebracht werden soll, dafs meines Erachtens Wissenschaft und Praxis des Verwaltungsstrafrechts zunächst de lege lata auf verwaltungsrechtlicher Grundlage reorganisiert werden müssen, ehe mit Erfolg an gesetzgeberische Reformen auf diesem Gebiet gegangen werden kann. Nur das sei bemerkt, dafs die Thesen des Herrn Referenten vielfach die praktischen Konsequenzen der prinzipiell von ihm verworfenen Verwaltungsstrafrechtstheorie ziehen.

Was freilich die Abstimmung anlangt, so glaube ich nicht, dafs über meine Thesen I und II eine solche möglich sein wird, da diese Thesen vorwiegend wissenschaftlichen Charakter haben. Aber auch meine These III möchte ich nicht zur Abstimmung empfehlen, da sie von meinem prinzipiellen Standpunkt aus noch gar keine aktuelle Frage behandelt. Vielmehr beschränke ich mich darauf, für die Abstimmung den Thesen des Herrn Referenten, die in meiner These IV enthaltene Resolution, welche die von mir erhoffte Förderung seitens der I.K.V. zum Gegenstande hat, gegenüber zu stellen. Ich verkenne den dilatorischen Charakter dieser Resolution nicht, meine aber, dafs eine materielle Beschlufsfassung teils untunlich, teils verfrüht wäre.

Leitsätze.

I.

Das Verwaltungsstrafrecht ist die Deliktsobligation des Verwaltungsrechts. Es gehört daher dem Verwaltungsrecht an, und zwar, unbeschadet seiner Normierung als objektives Strafrecht im geltenden Recht, schon *de lege lata*, mag auch sein völliger Ausbau als subjektives Verwaltungsrecht erst *de lege ferenda* zu erwarten sein. Dieser Ausbau läuft auf eine weitere rechtliche Einschränkung des subjektiven Verwaltungsstrafrechts hinaus in der Richtung, dafs der Sraffällige nicht mehr als Rechtsobjekt, sondern als Pflichtsubjekt erscheint.

II.

Ein Verwaltungsstrafrecht als Rechtsfolge erzeugende Tatbestände, mithin Verwaltungsdelikte, sind *de lege lata* grundsätzlich diejenigen Delikte, wegen derer ein Verfahren im Verwaltungswege reichsgesetzlich angeordnet oder zugelassen ist. Es sind dies:

1. die Post- und Portodefrautationen (G.V.G. § 13; E.G. z. St.P.O. § 5 Abs. 1; Post-Ges. v. 28. Oktober 1871 §§ 34 ff.), welche ein Poststrafrecht erzeugen: Postdelikte;
2. die Zuwiderhandlungen gegen die Vorschriften über die Erhebung öffentlicher Abgaben und Gefälle (G.V.G. § 13; E.G. z. St.P.O. § 6 Abs. 2 No. 3; St.P.O. §§ 459 ff.), welche ein Finanzstrafrecht erzeugen: Finanzdelikte;
3. die Übertretungen (G.V.G. § 13; E.G. z. St.P.O. § 6 Abs. 2 No. 3: St.P.O. §§ 453 ff.), welche ein Polizeistrafrecht erzeugen: Polizeidelikte.

Die Delikte, wegen derer die Seemannsämter einschreiten können (G.V.G. § 13; E.G. z. St.P.O. § 5 Abs. 2; Seemanns-O.

v. 2. Juni 1902 §§ 122 ff. usw.), bleiben wegen ihres nicht in sich abgeschlossenen Charakters, sowie der Singularität von Delikten, Delinquenten und Strafbehörden aufser Betracht.

Das Recht der bezeichneten Tatbestände und Rechtsfolgen ist grundsätzlich in Wissenschaft und Praxis, im Anschlufs an die zu Grunde liegenden nicht deliktizischen Verwaltungsrechtsgebiete, als Verwaltungsrecht weiter zu bilden. Abweichungen vom Strafrecht und Strafprozefsrecht werden sich dabei insbesondere in Ansehung des Tatbestandes für die Deliktsfähigkeit juristischer Personen, die Haftung für fremdes Verschulden, die Schuldform und den Schuldbeweis, Versuch und Teilnahme, in Ansehung der Rechtsfolge für das Legalitätsprinzip ergeben. Zur Ausbildung des verwaltungsrechtlichen Deliktsrechts wird eine Heranziehung des bürgerlich-rechtlichen fruchtbringend sein.

III.

De lege ferenda ist beizutreten dem vom 26. Deutschen Juristentage «fast einstimmig» nach der These seines Referenten, Herrn Geh. Rat Prof. D. Dr. Kahl, gefafsten Beschlusse, dafs für die Reform des R.St.G.B.s.

> «eine Ausscheidung des Polizeistrafrechts vorgenommen werde, wobei vorbehalten bleiben kann, ob und inwieweit dieses der landesrechtlichen Ordnung zu überweisen oder in Verbindung mit anderen Teilen des Verwaltungsstrafrechtes in einer besonderen Reichspolizeiordnung zu kodifizieren sei»,

mit der Mafsgabe:

1. dafs eine Kodifikation des Verwaltungsstrafrechts grundsätzlich ohne eine Kodifikation des entsprechenden nicht deliktizischen Verwaltungsrechts so wenig denkbar ist, wie eine Kodifikation des bürgerlich-rechtlichen Schadensersatzrechts ohne eine Kodifikation des damit zusammenhängenden bürgerlichen Rechts, dafs also, wenn und insoweit eine Kodifikation des Verwaltungsstrafrechts erfolgt, sie nicht in einem Verwaltungsstrafgesetzbuche, sondern nur in einem Verwaltungsgesetzbuche erfolgen kann (woraus u. a. die

Zuständigkeit der Verwaltungsgerichte für ein Verwaltungsstrafrecht betreffende Verwaltungsstreitsachen folgt);

2. dafs daher eine reichsgesetzliche Kodifikation des Verwaltungsstrafrechts grundsätzlich nur in denjenigen verwaltungsrechtlichen Materien denkbar ist, die auch sonst reichsgesetzlich geregelt sind, d. i. das Postrecht und grofse Teile des Finanzrechts, dafs hingegen alle übrigen Partieen, insbesondere das Polizeirecht, vor der Hand grundsätzlich der landesgesetzlichen Regelung überlassen bleiben müssen.

IV.

Als erster Schritt zur Unterstützung von Wissenschaft und Praxis, sowie zur Vorbereitung gesetzgeberischer Mafsnahmen empfiehlt sich die Annahme folgender Resolution:

> Der Vorstand der Deutschen Landesgruppe der I.K.V. wird ersucht, in Erwägung zu ziehen, ob, wie und inwieweit es möglich ist, ein Unternehmen ins Leben zu rufen und zu fördern, welches eine Sammlung und fortlaufende Nachtragung sämtlicher reichs- und landesrechtlicher Quellen (Gesetze und Verordnungen) des Verwaltungsrechts unter besonderer Berücksichtigung des Verwaltungsstrafrechts, am besten unter amtlicher Beihilfe, bezweckt, wie sie z. B. für Hamburg die von Wulff herausgegebene Zusammenstellung bietet. Dem Vorstand wird anheimgestellt, die nähere Ausführung eines solchen Projekts, sowie sonstiger sich dabei als wünschenswert herausstellender Organisationsarbeiten der auf der VI. Landesversammlung zu München 1898 (M.I.K.V. VII 217, IX 104 ff.) unter dem Vorsitz des Herrn Prof. Frank eingesetzten Kommission zu überweisen.

Leitsätze des Herrn Prof. Dr. Frank.

I.

Diejenigen Delikte von geringerer Bedeutung, durch welche im allgemeinen eine unmoralische Gesinnung nicht betätigt wird, bedürfen als Übertretungen einer gesonderten Behandlung.

Zu den Übertretungen in diesem Sinne sind besonders die Polizeiübertretungen zu rechnen, d. h. nach Otto Mayer (Deutsches Verwaltungsrecht I. Band S. 319) die Störungen der guten Ordnung des Gemeinwesens.

II.

Die Abhebung der Übertretungen von den übrigen Delikten hat in erster Linie durch das Strafensystem zn erfolgen.

1. Die Freiheitsstrafe in einer der zur Zeit bestehenden Formen ist bei Übertretungen nur dann anzuwenden, wenn wiederholter Rückfall und bewufster Widerstand gegen das Gesetz vorliegen.

2. Als besondere Übertretungsstrafen sind namentlich der Verweis und der Hausarrest zu empfehlen. Aufserdem wird bei gewissen Übertretungen eine gerade ihrer Eigenart entsprechende Bestrafung ins Auge zu fassen sein, z. B. bei zu raschem Automobilfahren: Verbot des Automobilfahrens für eine bestimmte Zeit oder vorübergehende Beschlagnahme des Automobils.

3. Diejenigen Strafen, welche sich auch bei Delikten von moralischer Erheblichkeit finden, sind bei den Übertretungen möglichst milde zu gestalten. Gerade bei ihnen ist die bedingte Verurteilung zu empfehlen; desgleichen die Zulassung von Arbeit an Stelle der Zahlung einer Geld strafe. Dagegen ist die Umwandlung der Geldstrafe in Freiheitsstrafe jedenfalls bei den Übertretungen ausnahmslos zu beseitigen.

III.

Ferner ist bei Übertretungen die Frage der ausschliefslichen Verantwortlichkeit des Vorgesetzten (mit Einschlufs des Familienhauptes, des Dienst- und Fabrikherrn) und die Frage der Verantwortlichkeitsübertragung ins Auge zu fassen. (So Hermann Seuffert, Ein neues Strafgesetzbuch für Deutschland. 1902. S. 24).

IV.

In prozessualer Beziehung sind die für den ordentlichen Strafprozefs giltigen Grundsätze bei Übertretungen namentlich in folgenden Richtungen zu modifizieren:

1. Milderung der Legalitätsmaxime (vgl. St.P.O. §§ 152, 161 mit St.G.B. §§ 346, 357);
2. Beschränkung der eidlichen Vernehmungen, hauptsächlich durch Verbot einer Beeidigung des Verletzten;
3. Beschränkung des Grundsatzes der Unmittelbarkeit in der Art, dafs Beweiserhebungen in gröfserem Umfange als seither aufserhalb der Hauptverhandlung zulässig sind;
4. Verweisung der Übertretungen in erster Instanz vor Einzelrichter.

Dagegen ist der Vorschlag einer Bestrafung der Polizeiübertretungen durch die Verwaltungsgerichte abzulehnen.

V.

Der gesamte die Übertretungen betreffende Rechtszustand Deutschlands bedarf einer Vereinfachung und Klärung. In dieser Beziehung ist zu fordern:

1. Kodifikation des einschlagenden Reichs- und Landesstrafrechts unter Ausscheidung veralteter Bestimmungen;

2. sorgfältige Redaktion der einschlagenden Gesetze und Verordnungen unter Mitwirkung der Gerichte beim Erlafs der letzteren;

3. in einzelnen Fällen Ersatz der Bestrafung und des Strafverfahrens durch Zulassung einer Feststellungsklage vor den ordentlichen oder den Verwaltungs-Gerichten zur Entscheidung über die Zulässigkeit des in Frage stehenden Verhaltens (so Seuffert a. a. O. S. 25).

VI.

Auch auf dem Gebiete der Übertretungen ist Rechtseinheit in Deutschland anzustreben.